Impressum
Verlag: BABADADA GmbH, Nedderfeld 112 , 22529 Hamburg
Geschäftsführer / Verlagsleitung: Harald Hof
Druck: Books on Demand GmbH, In de Tarpen 42, 22848 Norderstedt

Imprint
Publisher: BABADADA GmbH, Nedderfeld 112 , 22529 Hamburg, Germany
Managing Director / Publishing direction: Harald Hof
Print: Books on Demand GmbH, In de Tarpen 42, 22848 Norderstedt, Germany

школа

ທານ
ділити

186/2

ກະດານ
дошка

ຫ້ອງຮຽນ
класна кімната

ເດີນໂຮງຮຽນ
шкільний двір

ຄູສອນ
вчитель

ເຈ້ຍ
папір

ຂຽນ
писати

ປາກກາ
ручка

ໂຕະເຮັດວຽກ
письмовий стіл

ໄມ້ບັນທັດ
лінійка

ໜັງສື
книга

ນັກຮຽນ
учень

ກະເປົາໃສ່ປື້ມທີ່ມີສາຍພາຍ
ранець

ກັບສໍດຳ
пенал

ສໍດຳ
олівець

ເຄື່ອງແຫຼມສໍ
точило

ຢາງລຶບ
гумка

ສະໝຸດແຕ້ມຮູບ
альбом для малювання

ຫາບວາດ
....
малюнок

ແປງຫາສີ
....
пензель

ກ່ອງສີ
....
коробка фарб

ມິດຕັດ
....
ножиці

ກາວ
....
клей

ປຶ້ມເຝິກຫັດ
....
зошит

ວຽກບ້ານ
....
домашнє завдання

12

ຕົວເລກ
....
число

2+2

ບວກ
....
додавати

5-2

ລົບ
....
віднімати

2×2

ຄູນ
....
множити

ຄິດໄລ່
....
рахувати

A

ຕົວອັກສອນ
....
літера

ABCDEFG
HIJKLMN
OPQRSTU
VWXYZ

ພະຍັນຊະນະ
....
абетка

hello

ຄຳສັບ
....
слово

ຂໍ້ຄວາມ

текст

ອ່ານ

читати

ສໍຂາວ

крейда

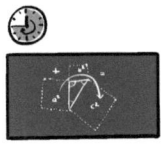

ບິດຮຽນ

година

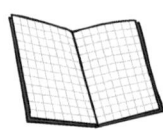

ລົງທະບຽນ

класний журнал

ການສອບເສັງ

екзамен

ໃບຍັ້ງຍືນ

диплом

ຊຸດນັກຮຽນ

шкільна форма

ການສຶກສາ

освіта

ປຶ້ມຮວບຮວມຄວາມຮູ້ສາລະພັດ

лексикон

ມະຫາວິທະຍາໄລ

університет

ກ້ອງຈຸລະທັດ

мікроскоп

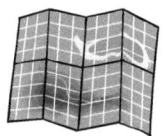

ແຜນທີ່

карта

ກະຕ່າໃສ່ເສດເຈ້ຍ

кошик для паперу

ການທ່ອງທ່ຽວ

подорож

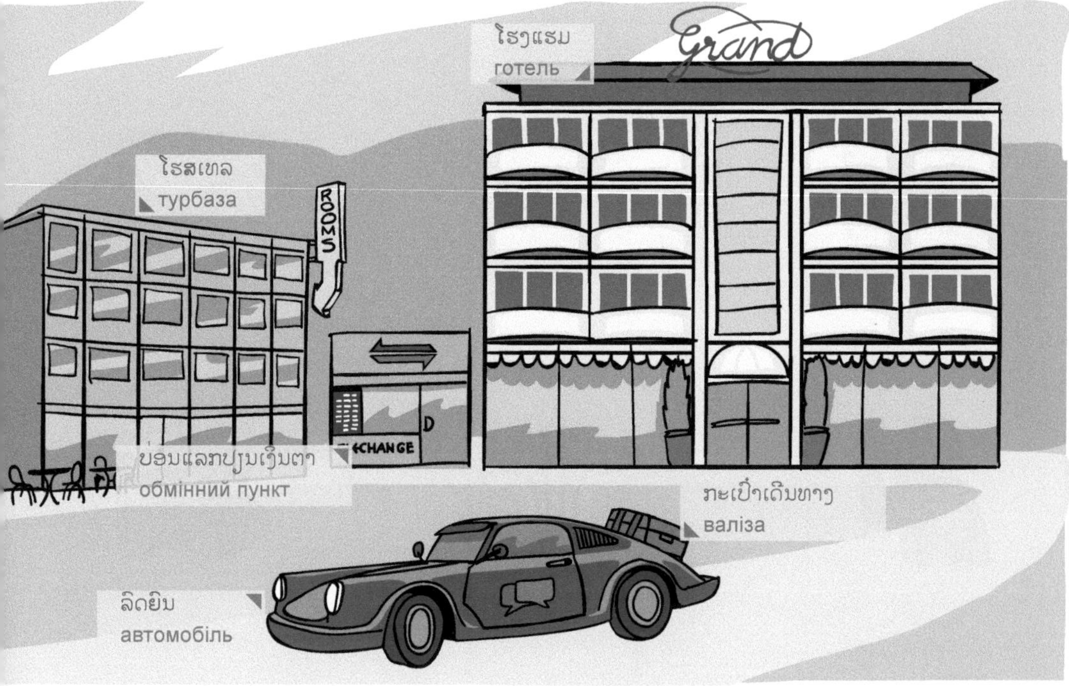

ໂຮງແຮມ
готель
Grand
ໂຮສເທລ
турбаза
ROOMS
EXCHANGE
ບ່ອນແລກປ່ຽນເງິນຕາ
обмінний пункт
ກະເປົ໋າເດີນທາງ
валіза
ລົດຍົນ
автомобіль

ພາສາ

мова

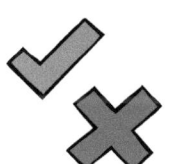

ແມ່ນ / ບໍ່ແມ່ນ

так / ні

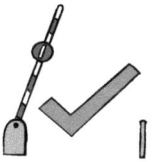

ຕົກລົງ

добре

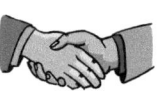

ສະບາຍດີ

привіт

ນັກແປພາສາ

перекладач

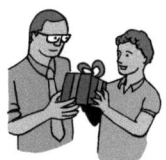

ຂອບໃຈ

дякую

ລາຄາເທົ່າໃດ...?

Скільки коштує ...?

ຂ້ອຍບໍ່ເຂົ້າໃຈ

Я не розумію

ບັນຫາ

проблема

ສະບາຍດີຕອນແລງ!

Добрий вечір!

ສະບາຍດີຕອນເຊົ້າ!

Доброго ранку!

ລາຕິສະຫວັດ

На добраніч!

ລາກ່ອນ

До побачення

ທິດທາງ

напрямок

ກະເປົ໋າເດີນທາງ

багаж

ກະເປົ໋າ

сумка

ກະເປົ໋າພາຍຫຼັງ

рюкзак

ແຂກ

гість

ຫ້ອງ

кімната

ຖົງໃສ່ເຄື່ອງນອນ

спальний мішок

ເຕັ້ນ

намет

ຂໍ້ມູນນັກທ່ອງທ່ຽວ
....
туристична інформація

ຊາຍຫາດ
....
пляж

ບິດເຄຣດິດ
....
кредитна картка

ອາຫານເຊົ້າ
....
сніданок

ອາຫານທ່ຽງ
....
обід

ອາຫານແລງ
....
вечеря

ປີ້
....
квиток

ລິຟ
....
ліфт

ສະແຕມ
....
поштова марка

ພົມແດນ
....
межа

ພາສີ
....
митниця

ສະຖານທູດ
....
посольство

ວິຊາ
....
віза

ໜັງສືຜ່ານແດນ
....
паспорт

ຂົນສົງ

транспорт

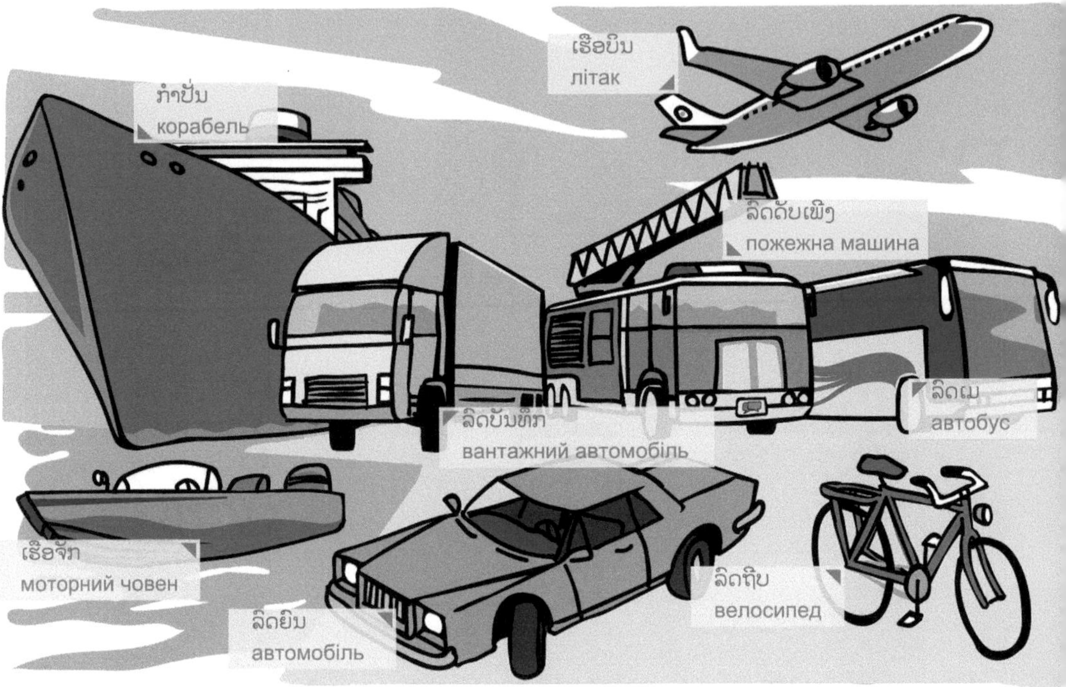
ເຮືອບິນ
літак
ກຳປັ່ນ
корабель
ລົດດັບເພີງ
пожежна машина
ລົດເມ
автобус
ລົດບັນທຸກ
вантажний автомобіль
ເຮືອຈັກ
моторний човен
ລົດຍົນ
автомобіль
ລົດຖີບ
велосипед

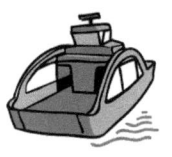

ເຮືອຂ້າມຟາກ
пором

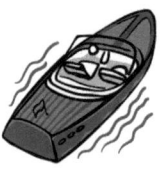

ເຮືອ
човен

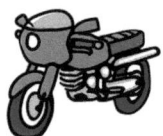

ລົດຈັກ
мотоцикл

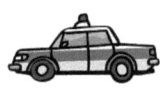

ລົດຕຳຫຼວດ
поліцейська машина

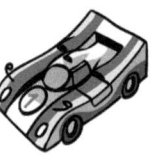

ລົດແຂ່ງ
гоночний автомобіль

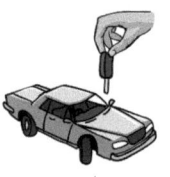

ລົດເຊົ່າ
автомобіль на прокат

ການແບ່ງປັນກັນໃຊ້ລົດ

спільне користування авто

ລົດລາກ

евакуатор

ລົດຂົນຂີ້ເຫຍື້ອ

сміттєвоз

ເຄື່ອງຍົນ

двигун

ເຊື້ອໄຟ

паливо

ປໍ້ານ້ຳມັນ

автозаправна станція

ປ້າຍຈາລະຈອນ

дорожній знак

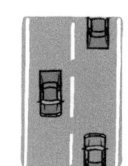

ການຈາລະຈອນ

рух

ການຈາລະຈອນຕິດຂັດ

затор

ບ່ອນຈອດລົດ

стоянка

ສະຖານີລົດໄຟ

вокзал

ລາງລົດໄຟ

рейки

ລົດໄຟ

потяг

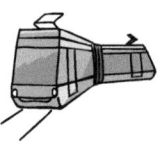

ລົດລາງ

трамвай

ຕູ້ລົດໄຟ

вагон

ເຮລິຄອບເຕີ
....
гелікоптер

ສະໜາມບິນ
....
аеропорт

ຫໍຄອຍ
....
вежа

ຜູ້ໂດຍສານ
....
пасажир

ຕູ້ບັນຈຸສິນຄ້າ
....
контейнер

ກ່ອງເຈ້ຍ
....
коробка

ກວຽນ
....
візок

ກະຕ່າ
....
кошик

ເຮືອບິນຂຶ້ນ / ເຮືອບິນລົງຈອດ
....
стартувати / приземлятися

ເມືອງ

місто

ບ້ານ
....
село

ໃຈກາງເມືອງ
....
центр міста

ເຮືອນ
....
дім

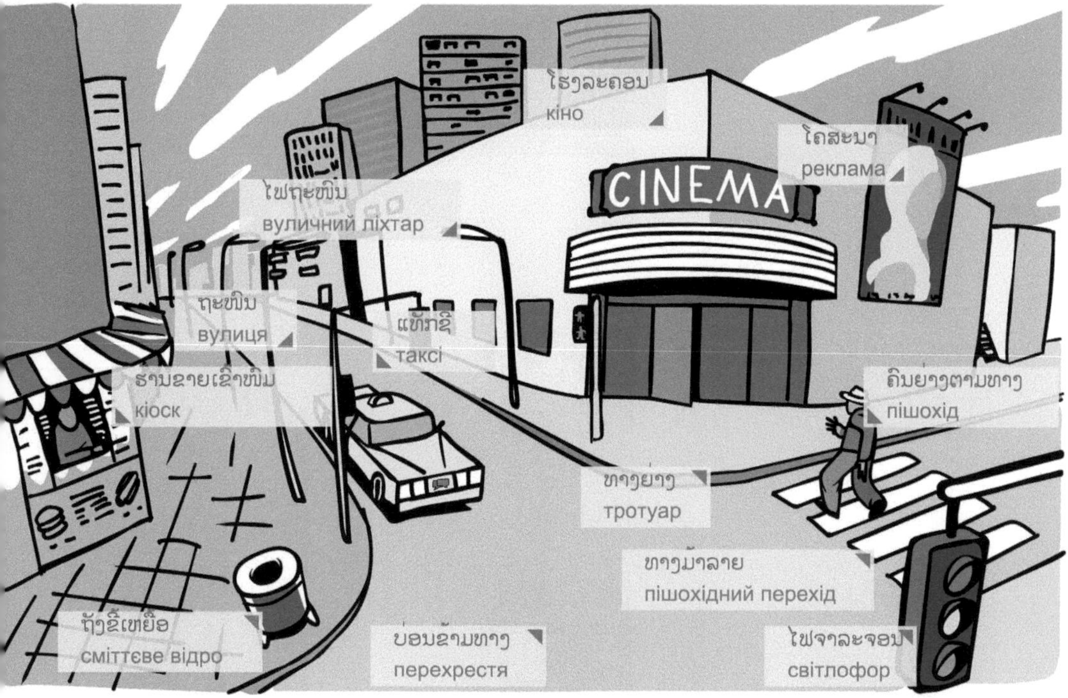

ໂຮງລະຄອນ
kіno

ໄຟຖະໜົນ
вуличний ліхтар

ໂຄສະນາ
реклама

ຖະໜົນ
вулиця

ແທັກຊີ່
таксі

ຖົນຍ່າງຕາມທາງ
пішохід

ຮ້ານຂາຍເຄື່ອງຫ້ມ
kіоск

ທາງຍ່າງ
тротуар

ທາງມ້າລາຍ
пішохідний перехід

ຖັງຂີ້ເຫຍື້ອ
сміттєве відро

ບ່ອນຂ້າມທາງ
перехрестя

ໄຟຈາລະຈອນ
світлофор

ຕູບ
хатина

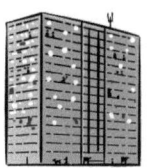

ແຟລດ
квартира

ສະຖານີລົດໄຟ
вокзал

ໂຮງການເມືອງ
ратуша

ຫໍພິພິດຕະພັນ
музей

ໂຮງຮຽນ
школа

ເມືອງ - місто

ມະຫາວິທະຍາໄລ

universitет

ທະນາຄານ

банк

ໂຮງໝໍ

лікарня

ໂຮງແຮມ

готель

ຮ້ານຂາຍຢາ

аптека

ຫ້ອງການ

офіс

ຮ້ານຂາຍໜັງສື

книжковий магазин

ຮ້ານຄ້າ

магазин

ຮ້ານຂາຍດອກໄມ້

квітковий магазин

ຊຸບເປີມາກເກັດ

супермаркет

ຕະຫຼາດ

ринок

ຫ້າງສັບພະສິນຄ້າ

універмаг

ຮ້ານຂາຍປາ

торговець рибою

ສູນການຄ້າ

торговельний центр

ທ່າເຮືອ

гавань

ສວນສາທາລະນະ

парк

ແປ້ນມ້າ

лава

ຂົວ

міст

ຂັ້ນໃດ

сходи

ລົດໄຟໃຕ້ດິນ

метро

ອຸໂມງ

тунель

ປ້າຍລົດເມ

автобусна зупинка

ຮ້ານຂາຍເຫຼົ້າ

бар

ຮ້ານອາຫານ

ресторан

ຕູ້ໄປສະນີ

поштова скринька

ປ້າຍຊື່ຖະໜົນ

вулична табличка

ມິເຕີເກັບຄ່າຈອດລົດ

лічильник паркування

ສວນສັດ

зоопарк

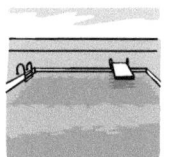

ສະລອຍນ້ຳ

басейн

ວັດມຸດສະລິມ

мечеть

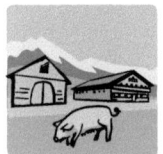

ຟາມ

ферма

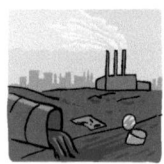

ມົນລະພິດ

забруднення навколишнього середовища

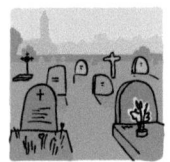

ສຸສານ

кладовище

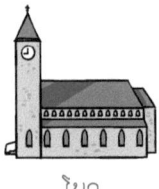

ໂບດ

церква

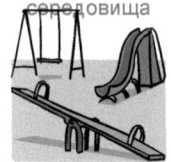

ເດີ່ນຫຼິ້ນຂອງເດັກນ້ອຍ

дитячий майданчик

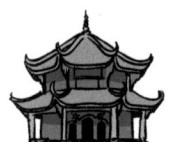

ວັດມຸດສະລິມ

храм

ພູມີປະເທດ

ландшафт

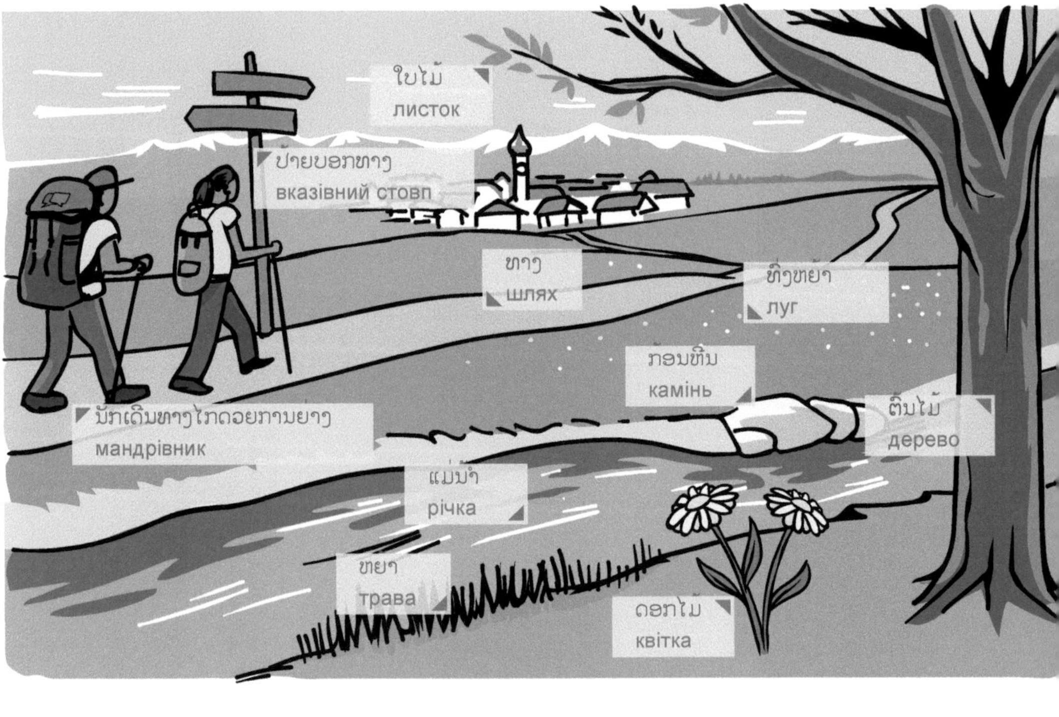
ໃບໄມ້
листок
ປ້າຍບອກທາງ
вказівний стовп
ທາງ
шлях
ທົ່ງຫຍ້າ
луг
ກ້ອນຫີນ
камінь
ນັກເດີນທາງໄກດອຍການຍ່າງ
мандрівник
ຕົ້ນໄມ້
дерево
ແມ່ນ້ຳ
річка
ຫຍ້າ
трава
ດອກໄມ້
квітка

ຮ່ອມພູ

долина

ເນີນເຂົາ

гора

ທະເລສາບ

озеро

ປ່າ

ліс

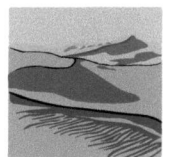

ທະເລຊາຍ

пустеля

ພູເຂົາໄຟ

вулкан

ທຳປະສາດ

замок

ຮຸ້ງກິນນ້ຳ

веселка

ເຫັດ

гриб

ຕົ້ນປາມ

пальма

ຍຸງ

комар

ແມງວັນ

муха

ມົດ

мурашка

ເຜິ້ງ

бджола

ແມງມຸມ

павук

ແມງປິກແຂງ

жук

ກົບ

жаба

ກະຮອກ

вивірка

ເໝັ້ນ

їжак

ກະຕ່າຍປ່າ

заєць

ນົກເຄົ້າ

сова

ນົກ

птах

ຫົງ

лебідь

ໝູປ່າຕົວຜູ້

кабан

ກວາງ

олень

ກວາງໃຫຍ່

лось

ເຂື່ອນ

гребля

ໝາກປັ່ນ

вітряк

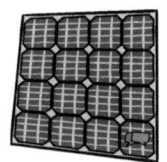

ແຜງໂຊລາເຊລ

сонячний модуль

ສະພາບອາກາດ

клімат

ຄົນເສີບຂາຍ
офіціант

ລາຍການອາຫານ
меню

ຕັ່ງນັ່ງ
стілець

ຊຸບ
суп

ພິສຊາ
піца

ເຄື່ອງໃຊ້ເທິງໂຕະອາຫານ
столові прилади

ຜ້າປູໂຕະ
скатертина

ອາຫານເລີ່ມຕົ້ນ

закуска

ອາຫານຈານຫຼັກ

друга страва

ຂອງຫວານ

десерт

ເຄື່ອງດື່ມ

напої

ອາຫານ

їжа

ຂວດແກ້ວ

пляшка

ອາຫານຈານດ່ວນ

фаст-фуд

ຮ້ານຂາຍທາງ

вулична їжа

ເຕົ້ານ້ຳຊາ

чайник

ຖ້ວຍນ້ຳຕານ

цукорниця

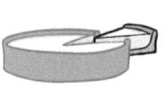

ສ່ວນແບ່ງອາຫານສຳລັບໜຶ່ງຄົນ

порція

ເຄື່ອງຊົງກາເຟເອສເປຣສໂຊ

еспресо-машина

ເກົ້າອີ້ສູງ

високий стільчик

ໃບເກັບເງິນ

рахунок

ຖາດ

піднос

ມີດ

ніж

ສ້ອມ

вилка

ບ່ວງ

ложка

ຊ້ອນຊາ

чайна ложка

ຜ້າເຊັດປາກຢູ່ໂຕະອາຫານ

серветка

ຈອກແກ້ວ

склянка

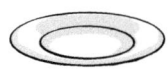

ຈານ
....
тарілка

ຈານຊຸບ
....
тарілка для супу

ຈານຮອງ
....
блюдце

ຊອສ
....
соус

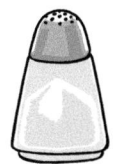

ກະປຸກເກືອ
....
солонка

ກະປຸກພິກໄທ
....
млин для перцю

ນ້ຳສົ້ມສາຍຊູ
....
оцет

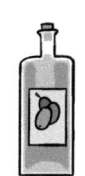

ນ້ຳມັນພືດ
....
масло

ເຄື່ອງເທດ
....
спеції

ຊອສໝາກເດັ່ນ
....
кетчуп

ຜັກຈຳພວກຜັກກາດ
....
гірчиця

ມາຍອນເນສ
....
майонез

ຊູບເປີມາກເກັດ

супермаркет

ຂໍ້ສະເໜີພິເສດ
пропозиція
ລູກຄ້າ
клієнт
FOR
ຜະລິດຕະພັນທີ່ເຮັດຈາກນົມ
молочні продукти
ໝາກໄມ້
фрукти
ລົດຊຸກ
візок для покупок

BUTCHERS

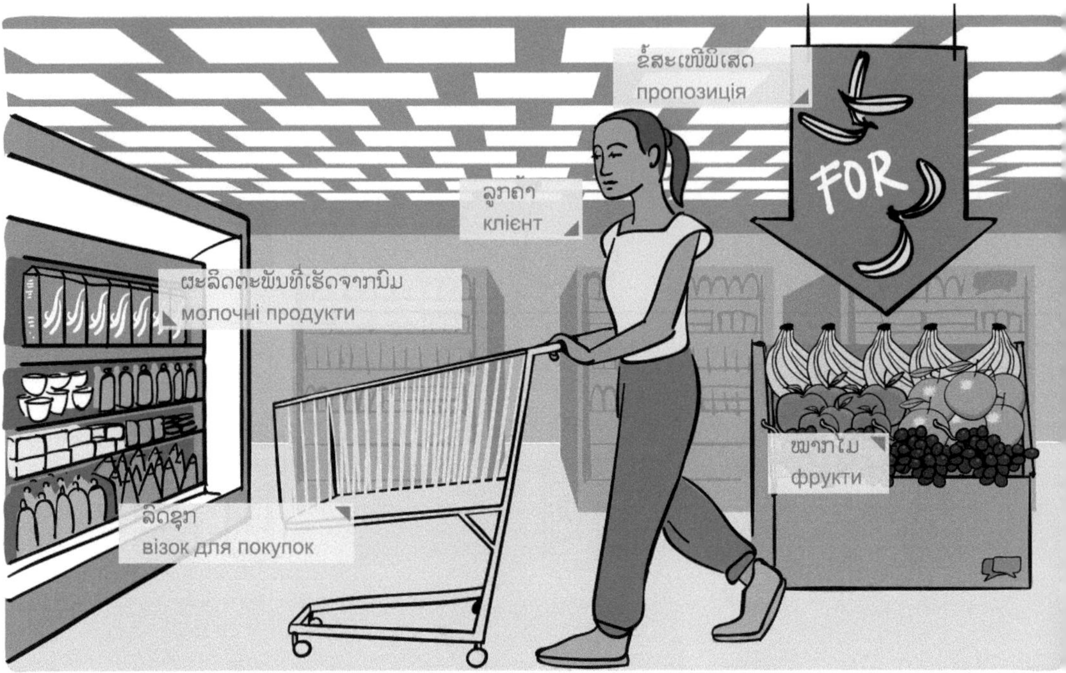

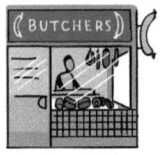

ຮ້ານຂາຍຊີ້ນ

м'ясний магазин

BAKERY

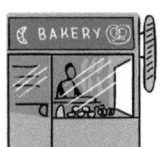

ຮ້ານຂາຍເຂົ້າໜົມປັງ

пекарня

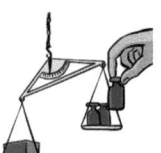

ຊັ່ງນ້ຳໜັກ

зважувати

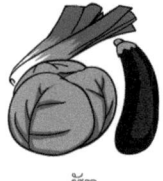

ຜັກ

овочі

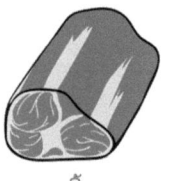

ຊີ້ນ

м'ясо

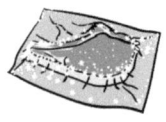

ອາຫານແຊ່ແຂງ

заморожені продукти

ຊີ້ນເຢັນ

ковбасна нарізка

ອາຫານກະປ໋ອງ

консерви

ແຝ່ນຊັກເຄື່ອງ

пральний порошок

ເຂົ້າໜົມຫວານ

солодощі

ຜະລິດຕະພັນໃນຄົວເຮືອນ

предмети домашнього побуту

ຜະລິດຕະພັນທຳຄວາມສະອາດ

мийний засіб

ພະນັກງານຂາຍຍ່ອຍ

продавщиця

ເຄື່ອງຄິດເງິນ

каса

ພະນັກງານເກັບສິດ

касир

ລາຍການຊື້ເຄື່ອງ

список покупок

ເວລາເປີດເຮັດວຽກ

часи роботи

ກະເປົາເງິນ

гаманець

ບິດເຄຣດິດ

кредитна картка

ຖິງ

сумка

ຖິງຍາງ

поліетиленовий пакет

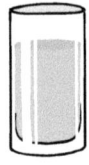

ນ້ຳ

вода

ນ້ຳໝາກໄມ້

сік

ນົມ

молоко

ໂຄກ

кола

ວາຍ

вино

ເບຍ

пиво

ເຫຼົ້າ

алкоголь

ໂກໂກ້

какао

ຊາ

чай

ກາເຟ

кава

ເອສເປຣສໂຊ

еспресо

ຄາປູຊິໂນ

капучіно

ໝາກກ້ວຍ

банан

ແອັບເປິ້ນ

яблуко

ໝາກກ້ຽງ

апельсин

ໝາກໂມ

кавун

ໝາກນາວ

лимон

ທ້ອກະຣົດ

морква

ຜັກທຽມ

часник

ຕົ້ນໄຜ່

бамбук

ຫອມບົ່ວ

цибуля

ເຫັດ

гриб

ຖົ່ວ

горішки

ເສັ້ນໝີ່

локшина

ສະປາແກັຕຕີ້

спагеті

ເຂົ້າ

рис

ສະຫຼັດ

салат

ມັນຝຣັ່ງທອດ

картопля фрі

ມັນຝຣັ່ງທອດ

смажена картопля

ພິສຊາ

піца

ແຮມເບີເກີ້

гамбургер

ແຊນວິດຈ໌

бутерброд

ຊີ້ນຕິດກະດູກ

шніцель

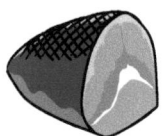

ແຮມ

шинка

ໄສ້ກອກແຫ້ງຊາລາມິ

салямі

ໄສ້ກອກ

ковбаса

ໄກ່

курка

ຢ້າງ

печеня

ປາ

риба

ເຂົ້າປຸກເຂົ້າໂອດ

 вівсяні пластівці

ອາຫານຊະນິດເປັນເມັດກອບ

мюслі

ເຂົ້າຂຽບເປັນປ່ຽງນ້ອຍໆ

кукурудзяні пластівці

ເຂົ້າແປ້ງ

борошно

ເຂົ້າຈີ່ຊະນິດຫນຶ່ງມີຮູບເດືອນເຄິ່ງ
ຫນວຍ

круасан

ເຂົ້າຫນົມປັງແບບນ້ອນ

булочка

ເຂົ້າຫນົມປັງ

хліб

ເຂົ້າຫນົມປັງປີ້ງ

тостовий хліб

ເຂົ້າຫນົມປັງຊະນິດກ້ອນນ້ອຍ

печиво

ເນີຍ

масло

ນ້ຳນົມແຂ້ນ

сир

ເຄກ

пиріг

ໄຂ່

яйце

ໄຂ່ດາວ

яєчня

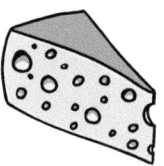

ເນີຍແຂງ

сир

ກະແລ້ມ

морозиво

ນ້ຳຕານ

цукор

ນ້ຳເຜິ້ງ

мед

ແຢມ

мармелад

ຊັອກໂກແລັດຄຣີມສະເປຣດ

нуга-крем

ກະລີ່

карі

ферма

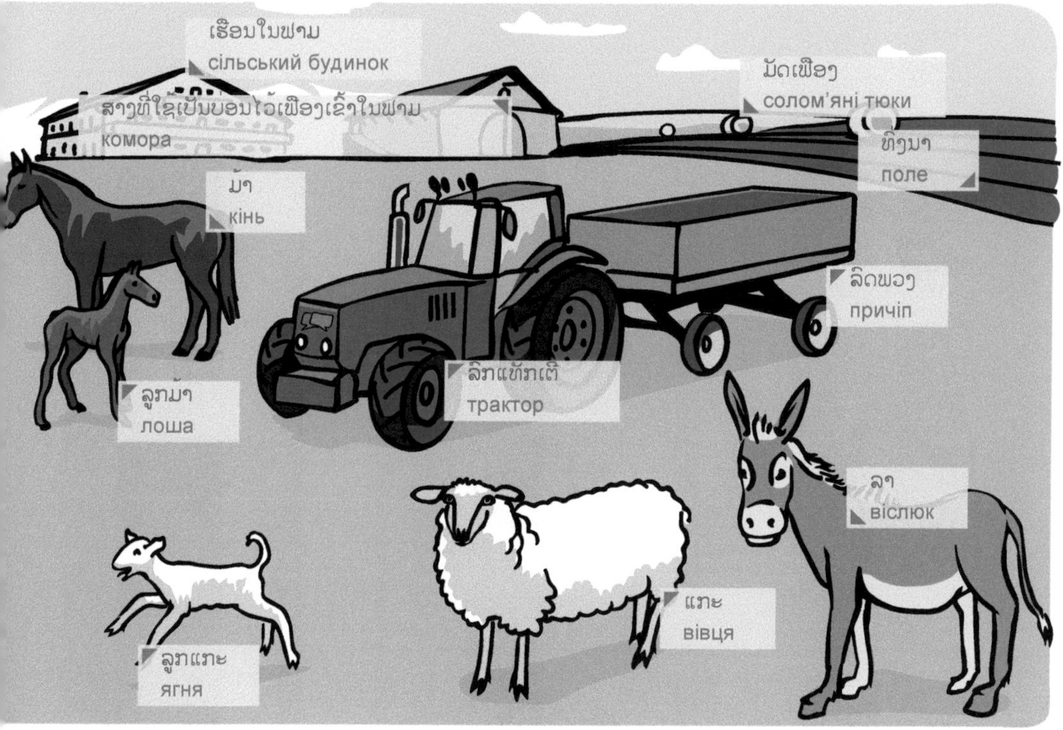
ເຮືອນໃນຟາມ
сільський будинок
ສາງທີ່ໃຊ້ເປັນບ່ອນໄວ້ເຟືອງເຂົ້າໃນຟາມ
комора
ມັດເຟືອງ
солом'яні тюки
ທົ່ງນາ
поле
ມ້າ
кінь
ລົດພ່ວງ
причіп
ລູກມ້າ
лоша
ລົດແທັກເຕີ
трактор
ລາ
віслюк
ແກະ
вівця
ລູກແກະ
ягня

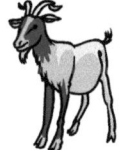

ແກະ

коза

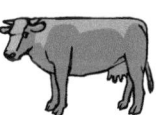

ງົວຕົວແມ່

корова

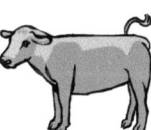

ລູກງົວ

теля

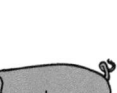

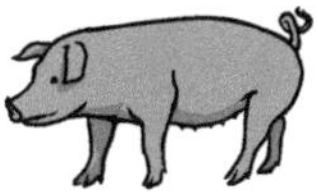

ໝູ

свиня

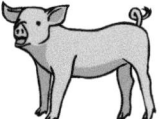

ລູກໝູ

порося

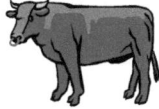

ງົວຕົວຜູ້

бик

ຫ່ານ
....
гусак

ເປັດ
....
качка

ລູກໄກ່
....
курча

ແມ່ໄກ່
....
курка

ໄກ່ຜູ້
....
півень

ຫນູ
....
щур

ແມວ
....
кіт

ຫນູ
....
миша

ງົວຕົວຜູ້
....
віл

ຫມາ
....
собака

ຄອກຫມາ
....
собача будка

ສາຍທໍ່ຍາງທີ່ໃຊ້ໃນສວນ
....
садовий шланг

ຊ້ວຫົດຕົ້ນໄມ້
....
лійка

ກ່ຽວດ້າມຍາວ
....
коса

ຄັນໄຖ
....
плуг

ກ່ຽວ
....
серп

ຈິກ
....
мотика

ຄາດ
....
вила

ຂວານ
....
сокира

ລົດຍູ້ລໍ້ດຽວ
....
тачка

ທາງລິນ
....
корито

ປ່ວງນົມ
....
бідон молока

ກະສອບ
....
мішок

ຮົ້ວ
....
паркан

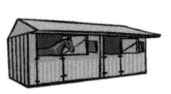

ຄອກມ້າ
....
хлів

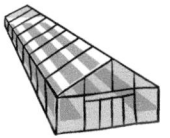

ເຮືອນກະຈົກ
....
теплиця

ດິນ
....
ґрунт

ແກ່ນ
....
насіння

ປຸ໋ຍ
....
добриво

ເຄື່ອງກ່ຽວເຂົ້າ
....
комбайн

ຟາມ - ферма

29

ເກັບກ່ຽວ

пожинати

ການເກັບກ່ຽວ

урожай

ເຜືອກ

корінь ямсу

ເຂົ້າສາລີ

пшениця

ຖົ່ວເຫຼືອງ

соя

ມັນຝັ່ງ

картопля

ເຂົ້າໂພດ

кукурудза

ດອກເຣພຊິດ

ріпак

ຕົ້ນໄມ້ທີ່ອອກໝາກ

плодове дерево

ມັນຕົ້ນ

маніок

ພືດຂະນິດເມັດ

злаки

x

x

ເຮືອນ
дім

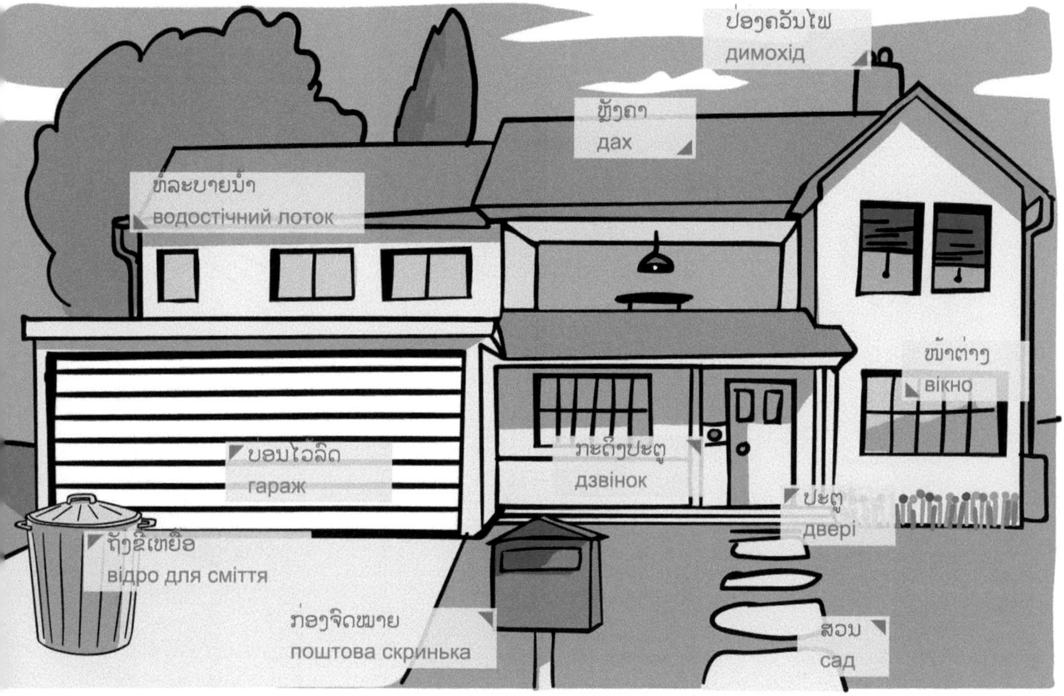

ປ່ອງຄວັນໄຟ
димохід
ຫຼັງຄາ
дах
ທໍ່ລະບາຍນ້ຳ
водостічний лоток
ໜ້າຕ່າງ
вікно
ບ່ອນໄວ້ລົດ
гараж
ກະດິ່ງປະຕູ
дзвінок
ປະຕູ
двері
ຖັງຂີ້ເຫຍື້ອ
відро для сміття
ກ່ອງຈົດໝາຍ
поштова скринька
ສວນ
сад

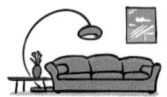

ຫ້ອງຮັບແຂກ
вітальня

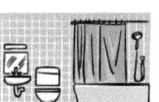

ຫ້ອງນ້ຳ
ванна кімната

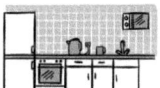

ຫ້ອງຄົວ
кухня

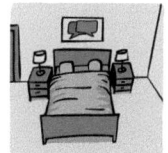

ຫ້ອງນອນ
спальня

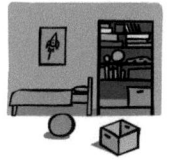

ຫ້ອງພັກສຳລັບເດັກນ້ອຍ
дитяча кімната

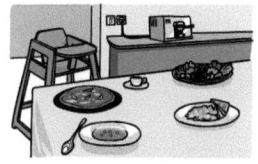

ຫ້ອງອາຫານ
їдальня

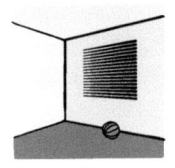

ພື້ນ

підлога

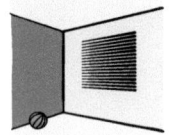

ຝາຜະໜັງ

стіна

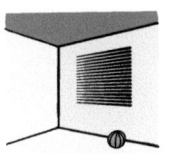

ເພດານ

стеля

ຫ້ອງເກັບເຄື່ອງໃຕ້ດິນ

підвал

ຫ້ອງອົບອາຍນ້ຳ

сауна

ລະບຽງ

балкон

ຊຸ້ນຕາມຂ້າງຕູ

тераса

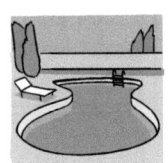

ສະລອຍນ້ຳ

басейн

ເຄື່ອງຕັດຫຍ້າ

косарка

ຜ້າປູບ່ອນນອນ

простирало

ຜ້າປູຕຽງ

ковдра

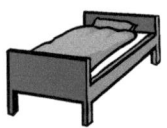

ຕຽງ

ліжко

ຟອຍ

мітла

ຖຸ

відро

ສະວິດ

перемикач

ຫ້ອງຮັບແຂກ

вітальня

ພາບພື້ນຫຼັງ
шпалери
ຮູບພາບ
малюнок
ໂຄມໄຟ
лампа
ຊັ້ນວາງຂອງ
поличка
ຕູ້
шафа
ໂທລະທັດ
телевізор
ເຕົາຜິງ
камін
ດອກໄມ້
квітка
ເບາະນັ່ງ
подушка
ໂຊຟາ
диван
ໂຖໃສ່ດອກໄມ້
ваза
ຣີໂໝດຄວບຄຸມ
пульт

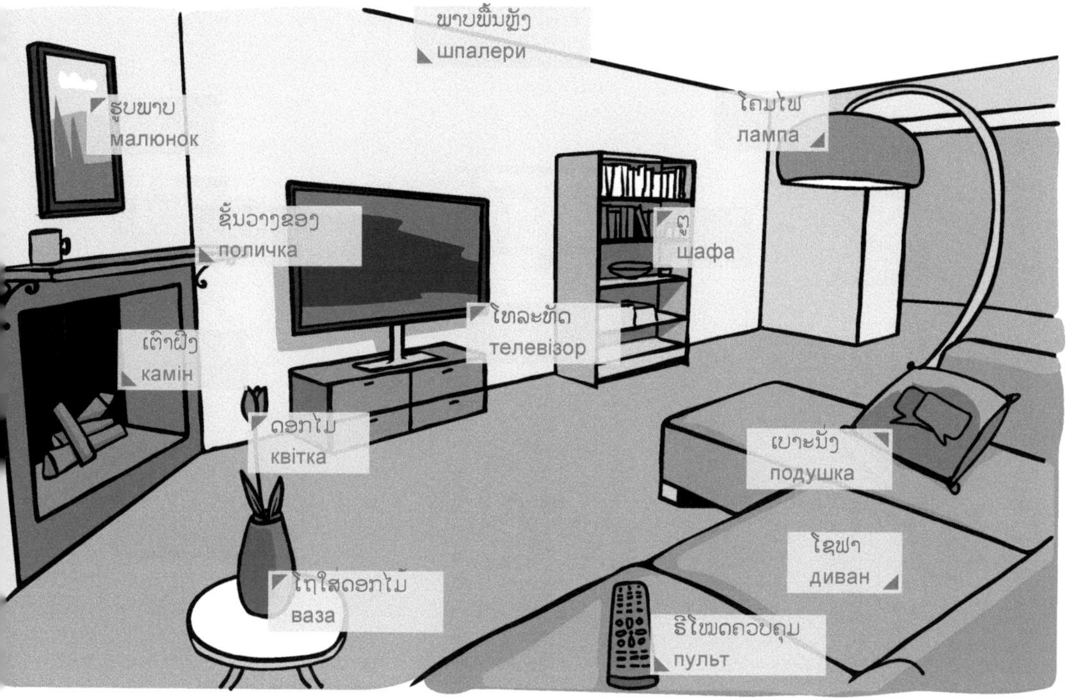

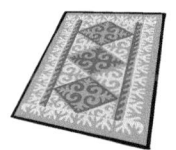

ພົມປູພື້ນ

килим

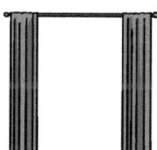

ຜ້າກັ້ງ

завіса

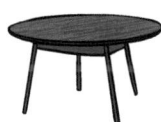

ໂຕະ

стіл

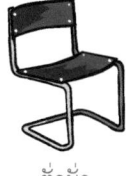

ຕັ່ງນັ່ງ

стілець

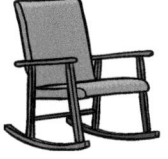

ຕັ່ງນັ່ງແບບໂຍກໄດ້

крісло-гойдалка

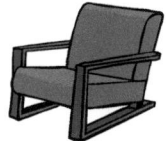

ຕັ່ງນັ່ງທີ່ມີບ່ອນວາງແຂນ

крісло

ໜັງສື

книга

ຜ້າຫົ່ມ

ковдра

ຂອງຕົກແຕ່ງ

прикраса

ຟືນ

дрова

ຮູບເງົາ

фільм

ເຄື່ອງສຽງລະບົບໄຮໄຟ

стереосистема

ກະແຈ

ключ

ໜັງສືພິມ

газета

ການແຕ້ມຮູບ

картина

ໂປສເຕີ

плакат

ວິທະຍຸ

радіо

ແຜ່ນບັນທຶກ

блокнот

ເຄື່ອງດູດຝຸ່ນ

пилосос

ຕົ້ນກະບອງເພັດ

кактус

ທຽນໄຂ

свічка

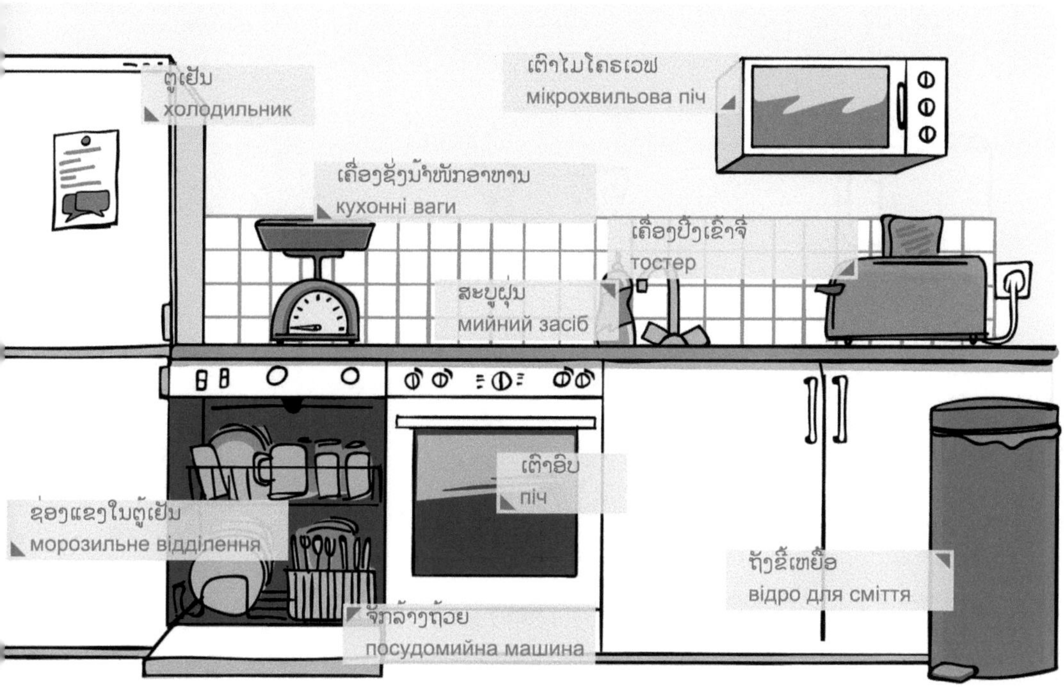

ຕູ້ເຢັນ
холодильник

ເຕົາໄມໂຄຣເວຟ
мікрохвильова піч

ເຄື່ອງຊັ່ງນ້ຳໜັກອາຫານ
кухонні ваги

ເຄື່ອງປີ້ງເຂົ້າຈີ່
тостер

ສະບູຝຸ່ນ
мийний засіб

ຊ່ອງແຊງໃນຕູ້ເຢັນ
морозильне відділення

ເຕົາອົບ
піч

ຖັງຂີ້ເຫຍື້ອ
відро для сміття

ຈັກລ້າງຖ້ວຍ
посудомийна машина

ໝໍ້ຕົ້ມ

плита

ໝໍ້

горщик

ໝໍ້ເຫຼັກຫຼໍ່

чавунний горщик

ໝໍ້ກະທະຈືນ

вок / кадай

ໝໍ້ກະທະກົ້ນແບນ

сковорода

ກາຕົ້ມນ້ຳ

чайник

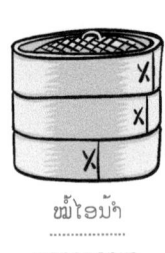

ໝໍ້ໄອນ້ຳ

пароварка

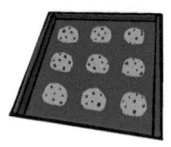

ຖາດອົບ

лист

ເຄື່ອງຖ້ວຍຊາມ

посуд

ຈອກທຶມ

кухоль

ຖ້ວຍ

чаша

ໄມ້ທູ່

палички для їжі

ຈອງດ້າມຍາວ

черпак

ຕະຫຼິວ

лопатка

ເຄື່ອງຕີໄຂ່

вінчик для збивання

ກະຊອນ

сито

ເຄື່ອງຮ່ອນ

сито

ເຜັກຂູດ

терка

ຄົກ

ступка

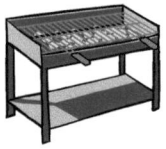

ບາບິຄິວ

барбекю

ແຄມໄຟຫຼາວອນ

багаття

ຂຽງ

дошка

ໄມ້ນວດແປ້ງ

качалка

ເຫຼັກໄຂຄອບແກ້ວ

штопор

ກະປ໋ອງ

конзерва

ເຄື່ອງເປີດກະປ໋ອງ

відкривачка

ຖົງມືຈັບຂອງຮ້ອນ

прихватки

ອ່າງລ້າງຈານ

раковина

ແປງ

щітка

ຟອງນ້ຳ

губка

ເຄື່ອງປັ່ນ

міксер

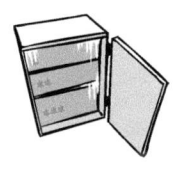

ຕູ້ແຊ່ແຂງ

морозильна камера

ຂວດນົມ

дитяча пляшка

ກ໊ອກນ້ຳ

кран

ຫອງນຳ

ванна кімната

ເຄື່ອງທຳຄວາມຮ້ອນ
опалення
ຝັກບົວ
душ
ຜ້າເຊັດໂຕ
рушник
ຜ້າກັ້ງຫ້ອງນ້ຳ
душова завіса
ສະບູທຳຟອງ
піниста ванна
ອ່າງອາບນ້ຳ
ванна
ຈອກແກ້ວ
склянка
ຈັກຊັກຜ້າ
пральна машина
ກ໊ອກນ້ຳ
кран
ກະເບື້ອງ
плитка
ງູ້ງຍ່ຽວ
горшок
ອ່າງລ້າງຈານ
раковина

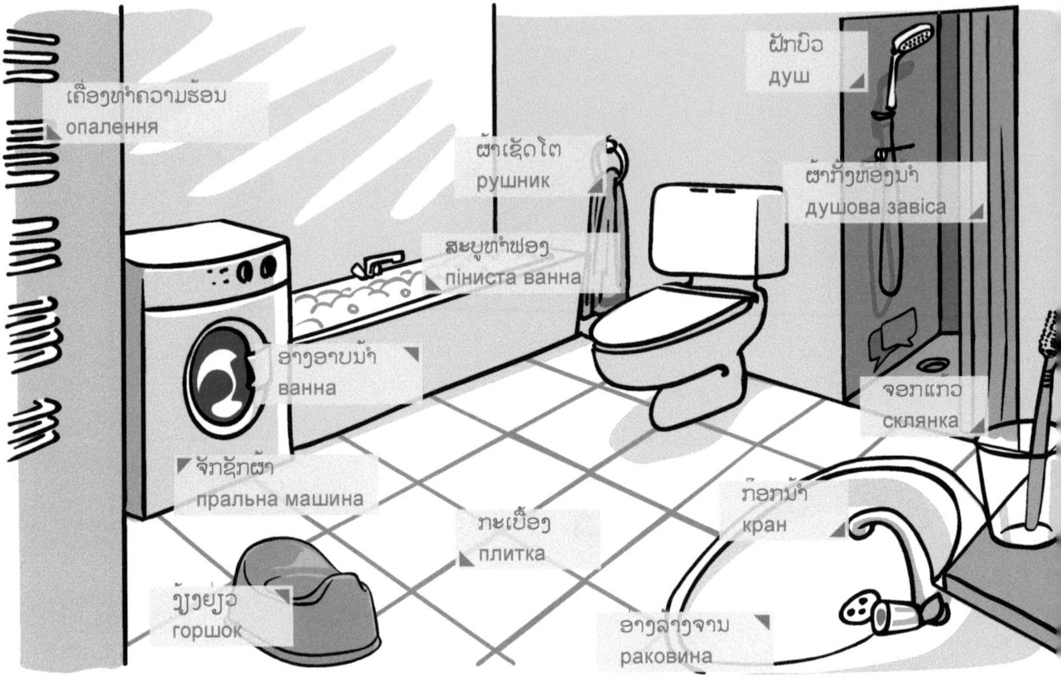

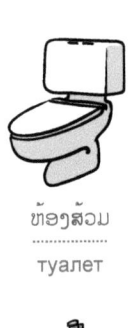

ຫ້ອງສ້ວມ

туалет

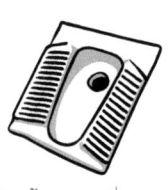

ໂຖສ້ວມແບບນັ່ງຍອງ

підлоговий туалет

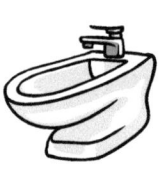

ໂຖຍ່ຽວຂອງຜູ້ຍິງ

біде

ໂຖຍ່ຽວຂອງຜູ້ຊາຍ

пісуар

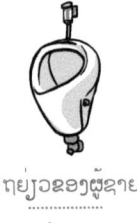

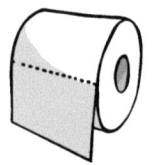

ກະດາດຊຳລະທີ່ໃຊ້ໃນຫ້ອງນ້ຳ

туалетний папір

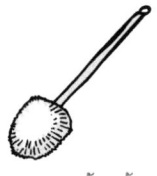

ແປງຂັດຫ້ອງນ້ຳ

щітка для туалету

ແປງສີຟັນ

зубна щітка

ຍາສີຟັນ

зубна паста

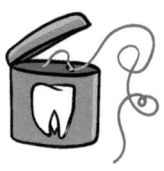

ໄໝຂັດແຂ້ວ

нитка для чищення зубів

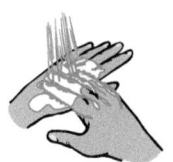

ລ້າງ

мити

ຝາບົວອາບນ້ຳທີ່ໃຊ້ມືຈັບ

ручний душ

ເຄື່ອງສິດລ້າງ

інтимний душ

ອ່າງລ້າງໜ້າ

таз

ແປງຖູຫັງ

щітка для спини

ສະບູ

мило

ເຈລອາບນ້ຳ

гель для душу

ແຊມພູ

шампунь

ຜ້າຖູໂຕນ້ອຍ

мочалка

ທໍ່ລະບາຍນ້ຳເສຍ

водостік

ຄີມ

крем

ຍາດັບກິ່ນ

дезодорант

ຫ້ອງນ້ຳ - ванна кімната

ແວ່ນແຍງ

дзеркало

ແວ່ນມີຖື

косметичне дзеркало

ມີດແຖຂນວດ

бритва

ໂຟມແຖຂນວດ

піна для гоління

ໂລຊັ່ນບຳລຸຜິວຫຼັງແຖຂນວດ

лосьйон після гоління

ຫວີ

гребінь

ແປງ

щітка

ຈັກເປົ່າຜົມ

фен

ສະເປຂີດຜົມ

лак для волосся

ຊຸດເຄື່ອງສຳອາງ

косметика

ລິບສະຕິກທາຮິມສົບ

губна помада

ນ້ຳຢາທາເລັບ

лак для нігтів

ສຳລີ

вата

ມີດຕັດເລັບ

ножиці для нігтів

ນ້ຳຫອມ

парфум

ກະເປົາອາບນ້ຳ
....
косметичка

ຕັ່ງສາມຂາ
....
табурет

ເຄື່ອງຊັ່ງນ້ຳໜັກ
....
ваги

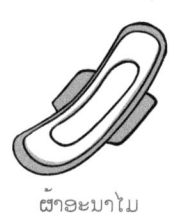

ເສື້ອຄຸມອາບນ້ຳ
....
халат

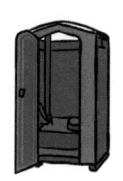

ຖົງມືຢາງ
....
гумові рукавички

ຜ້າອະນາໄມແບບສອດ
....
тампон

ຜ້າອະນາໄມ
....
гігієнічні прокладки

ຫ້ອງນ້ຳເຄມີ
....
біотуалет

ຫ້ອງນ້ຳ - ванна кімната   41

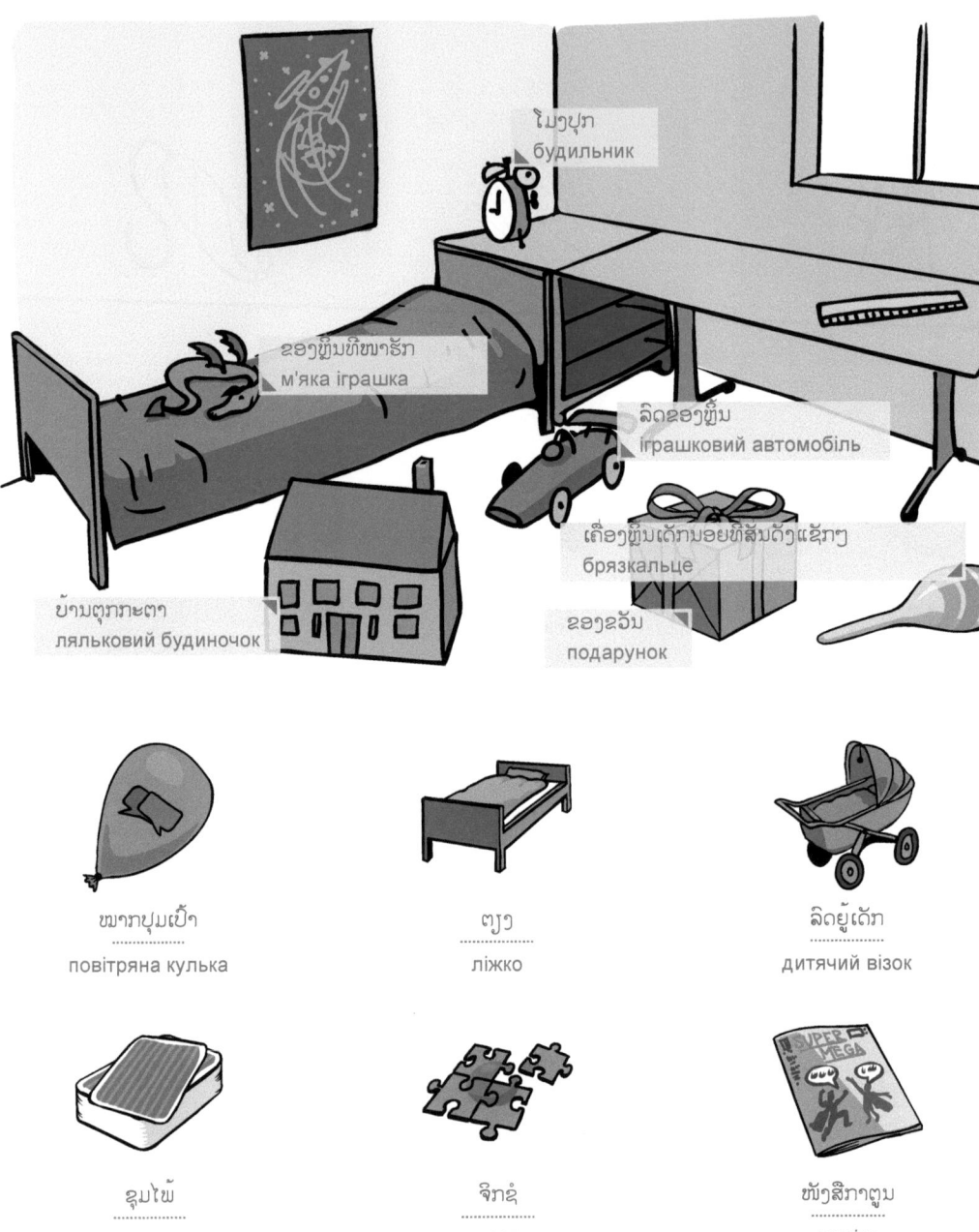

ໂມງປຸກ
будильник

ຂອງຫຼິ້ນທີ່ຫນ້າຮັກ
м'яка іграшка

ລົດຂອງຫຼິ້ນ
іграшковий автомобіль

ເຄື່ອງຫຼິ້ນເດັກນ້ອຍທີ່ສັ່ນດັ່ງແຊ້ກໆ
брязкальце

ບ້ານຕຸກກະຕາ
ляльковий будиночок

ຂອງວັນ
подарунок

ໝາກປຸມເປົ້າ
повітряна кулька

ຕຽງ
ліжко

ລົດຍູ້ເດັກ
дитячий візок

ຊຸມໄພ້
картярська гра

ຈິກຊໍ
пазл

ໜັງສືກາຕູນ
комікс

ຕິດຕໍ່ເລໂກ້

лего цеглинки

ບລັອກຂອງຫຼິ້ນ

блоки

ຮູບປັ້ນທີ່ເຄື່ອນໄຫວໄດ້

іграшкова фігурка

ເສື້ອຜ້າເດັກເກີດໃໝ່

повзунки

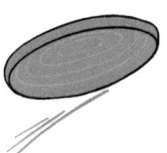

ຈານບິນ

фризбі

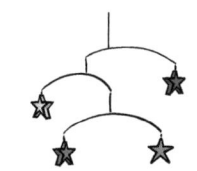

ສິ່ງທີ່ແກວ່ງໄປມາແຂວນຢູ່ເທິງທໍ່
ຫຼຽງເດັກນ້ອຍ

мобіле

ເກມກະດານ

настільна гра

ໝາກກະລອກ

кубик

ຊຸດລົດໄຟຈຳລອງ

модель залізнична станція

ຮູບທຸມ

соска

ງານລ້ຽງ

вечірка

ໜັງສືພາບ

книжка з картинками

ໝາກບານ

м'яч

ຕຸກກະຕາ

лялька

ຫຼິ້ນ

грати

ຊຸມດິນຊາຍສຳລັບເດັກນ້ອຍຫຼິ້ນ

písочниця

ຊີງຊ້າ

гойдалка

ຂອງຫຼິ້ນ

іграшка

ເຄື່ອງຫຼິ້ນວິດີໂອເກມ

гральна консоль

ລົດຖີບສາມລໍ້

триколісний велосипед

ຕຸກກະຕາໝີ

плюшевий мішка

ຕູ້ເສື້ອຜ້າ

шафа

ເສື້ອຜ້າ

ОДЯГ

ລອງເທົ້າ

шкарпетки

ຖິງເທົ້າຍາວຜູ້ຍິງ

панчохи

ໂສ້ງຢືດແບບເນື້ອ

колготки

ຜ້າພັນຄໍ
шарф

ຄັນຮົ່ມ
парасоля

ເສື້ອຍືດຄໍມົນ
футболка

ສາຍແອວ
ремінь

ເກີບບູດຫ
чоботи

ເກີບແຕະ
домашнє взуття

ເກີບກິລາ
кросівки

ເກີບຊ້າງດາມ
сандалі

ເກີບ
взуття

ເກີບບູດຫ໌ຍາງ
гумові чоботи

ໂສ້ງຊ້ອນໃນ
труси

ເສື້ອຊ້ອນໃນ
бюстгальтер

ເສື້ອກ້າມ
нижня сорочка

ເສື້ອຮັດທຸ່ມ
....
боді

ໂສ້ງຂາຍາວ
....
штани

ໂສ້ງຍິນ
....
джинси

ກະໂປ່ງ
....
спідниця

ເສື້ອຜູ້ຍິງ
....
блузка

ເສື້ອເຊິດ
....
сорочка

ເສື້ອກັນໜາວ
....
пуловер

ເສື້ອຄຸມມີໝວກ
....
светр

ເສື້ອໃຫຍ່ທີ່ຕິດກາໂຈງຮ່ວມຫຼືກາທີ
ມາກີລາ
....
піджак

ເສື້ອແຈັກເກັດ
....
куртка

ເສື້ອນອກ
....
пальто

ເສື້ອກັນຝົນ
....
дощовик

ເຄື່ອງແຕ່ງກາຍ
....
костюм

ກະໂປ່ງ
....
сукня

ຊຸດແຕ່ງງາມ
....
весільна сукня

ເສື້ອສູດ

костюм

ຊຸດລາຕິ

нічна сорочка

ຊຸດນອນ

піжама

ຊຸດຊາຣິ

сарі

ຜ້າຄຸມຫົວ

головна хустка

ຜ້າພັນຫົວ

чалма

ເສື້ອບຸຣເຄາະ

бурка

ເສື້ອຄຸມຄາຟຕານ

кафтан

ເສື້ອຄຸມອາບາຢາ

абая

ຊຸດລອຍນ້ຳ

купальник

ໂສ້ງໃສ່ລອຍນ້ຳ

плавки

ໂສ້ງຂາສັ້ນ

шорти

ຊຸດອອມ

тренувальний костюм

ຜ້າກັນເປື້ອນ

фартух

ຖົງມື

рукавички

ກະດຸມ

гудзик

ແວ່ນຕາ

окуляри

ປອກແຂນ

браслет

ສ້ອຍຄໍ

ланцюг

ແຫວນ

кільце

ຕຸ້ມຫູ

сережка

ໝວກແກ໊ບ

шапка

ກ້າແຂນເສື້ອບອກ

плічка

ໝວກ

капелюх

ກາລະຫວັດ

краватка

ຊິບ

застібка-блискавка

ໝວກກັນກະທົບ

шолом

ສາຍໂຍງໄສ້ວ

підтяжки

ຊຸດນັກຮຽນ

шкільна форма

ເຄື່ອງແບບ

уніформа

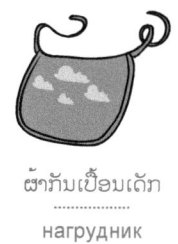

ຜ້າກັນເປື້ອນເດັກ

нагрудник

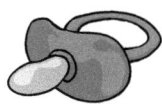

ຮູບຫຸ່ນ

соска

ຜ້າອ້ອມ

підгузок

ຫ້ອງການ

офіс

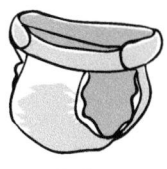

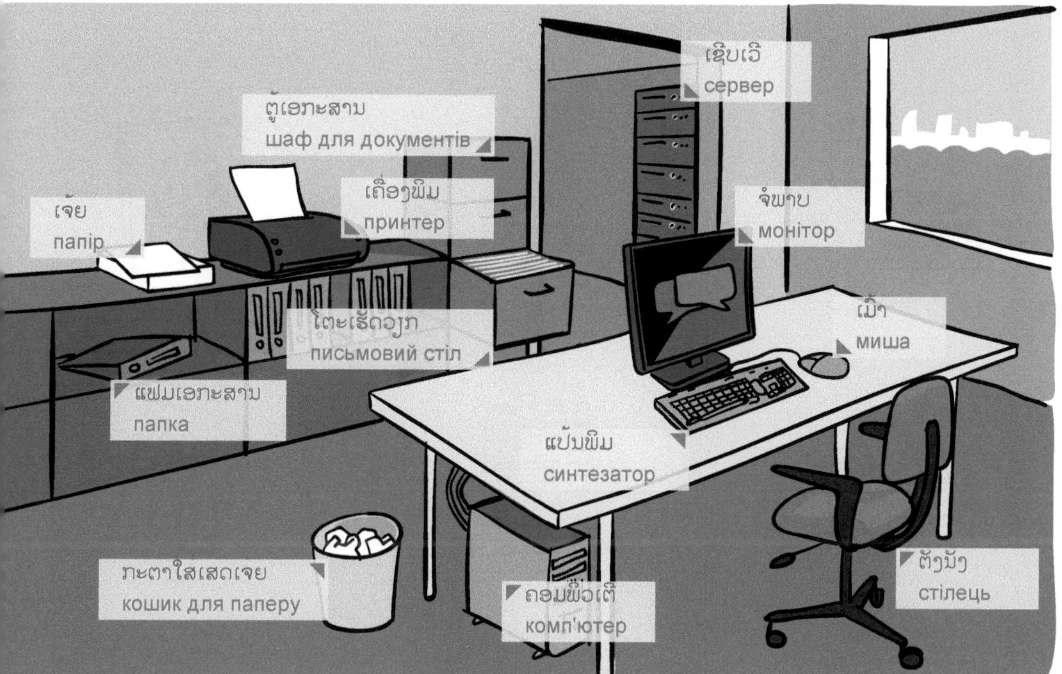

ເຊີບເວີ
сервер
ຕູ້ເອກະສານ
шаф для документів
ເຄື່ອງພິມ
принтер
ເຈ້ຍ
папір
ຈໍພາບ
монітор
ໂຕະເຮັດວຽກ
письмовий стіл
ເມົ້າ
миша
ແຟ້ມເອກະສານ
папка
ແປ້ນພິມ
синтезатор
ກະຕາໃສ່ເສດເຈ້ຍ
кошик для паперу
ຄອມພິວເຕີ
комп'ютер
ຕັ່ງນັ່ງ
стілець

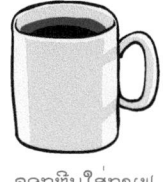

ຈອກທີ່ນໃສ່ກາເຟ

кавовий кухоль

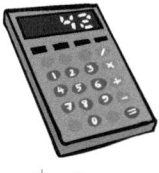

ເຄື່ອງຄິດເລກ

калькулятор

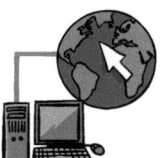

ອິນເຕີເນັດ

інтернет

ຄອມພິວເຕີແລັບທັອບ

ноутбук

ຈົດໝາຍ

лист

ຂໍ້ຄວາມ

повідомлення

ໂທລະສັບມືຖື

мобільний телефон

ເຄືອຂ່າຍ

мережа

ເຄື່ອງຖ່າຍເອກະສານ

копіювальний пристрій

ຊອບແວ

програмне забезпечення

ໂທລະສັບ

телефон

ປັກໄຟ

розетка

ເຄື່ອງແຟັກ

факс

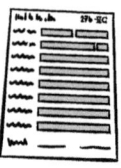

ແບບຟອມ

бланк

ເອກະສານ

документ

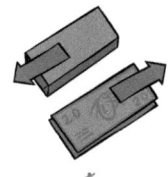

ຊື້

купувати

ຈ່າຍ

платити

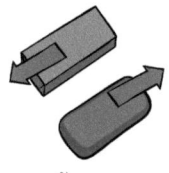

ຄ້າຂາຍ

торгувати

ເງິນ

гроші

ເງິນດອມລາ

долар

ເງິນຢູໂຣ

євро

ເງິນເຢນ

ієна

ເງິນຣູເບິລ

рубль

ເງິນຝຣັ່ງສະວິດ

франк

ເງິນຢວນເຮັນໝິນປີ້

юанів женьміньбі

ເງິນຣູປີ

рупія

ເຄື່ອງສຳລັບກົດເງິນສົດຈາກທະນາຄານ

банкомат

ບ່ອນແລກປ່ຽນເງິນຕາ

обмінний пункт

ທອງຄຳ

золото

ເງິນ

срібло

ນ້ຳມັນ

нафта

ພະລັງງານ

енергія

ລາຄາ

ціна

ສັນຍາ

контракт

ພາສີ

податок

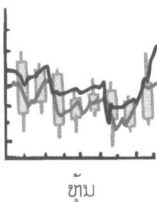

ຫຸ້ນ

акція

ເຮັດວຽກ

працювати

ລູກຈ້າງ

працівник

ນາຍຈ້າງ

роботодавець

ໂຮງງານ

фабрика

ຮ້ານຄ້າ

магазин

ອາຊີບ

професії

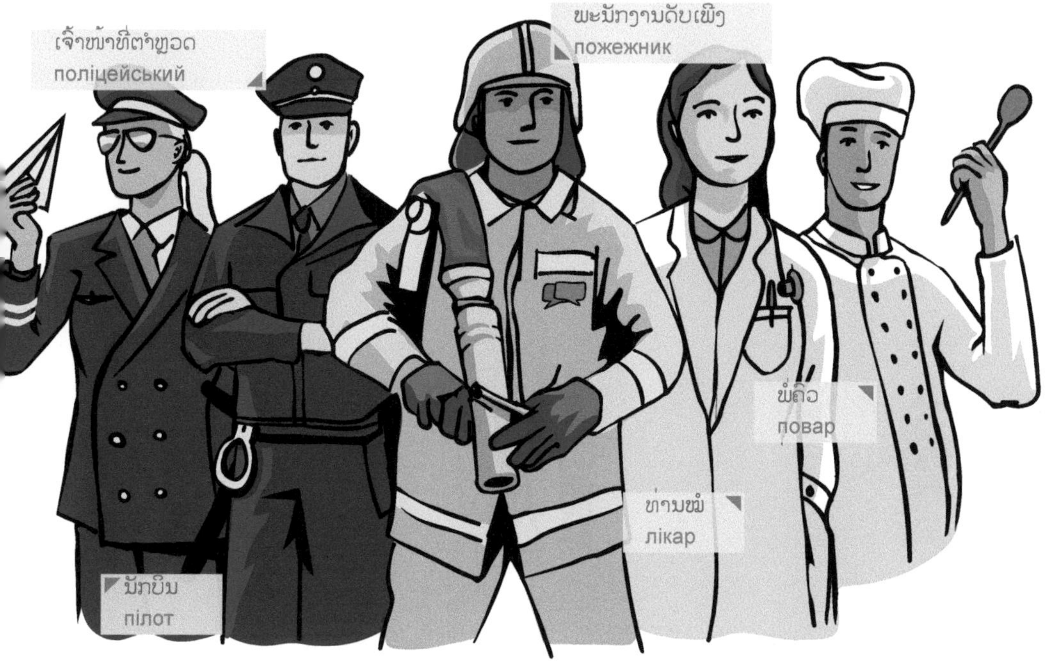
ເຈົ້າໜ້າທີ່ຕຳຫຼວດ
поліцейський
ພະນັກງານດັບເພີງ
пожежник
ພໍ່ຄົວ
повар
ທ່ານໝໍ
лікар
ນັກບິນ
пілот

ຊາວສວນ

садівник

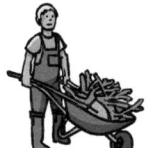

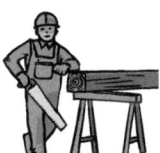

ຊ່າງໄມ້

столяр

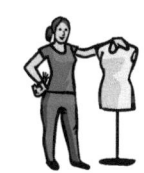

ຊ່າງຫຍິບຜ້າທີ່ເປັນຜູ້ຍິງ

швачка

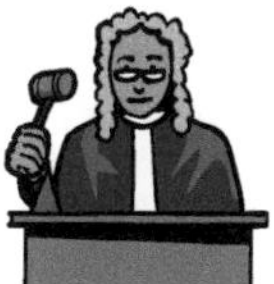

ຜູ້ພິພາກສາ

суддя

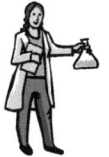

ນັກເຄມີ

хімік

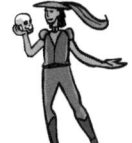

ນັກສະແດງຊາຍ

актор

ຄົນຂັບລົດເມປະຈຳທາງ

водій автобуса

ຄົນຂັບແທັກຊີ

таксист

ຊາວປະມົງ

рибалка

ແມ່ບ້ານທຳຄວາມສະອາດ

прибиральниця

ຊ່າງມຸງຫຼັງຄາ

покрівельник

ຄົນເສີບຂາຍ

офіціант

ນາຍພານ

мисливець

ຊ່າງທາສີ

художник

ຄົນເຮັດເຂົ້າໜົມປັ້ງ

пекар

ຊ່າງໄຟຟ້າ

електрик

ຊ່າງກໍ່ສ້າງ

будівельник

ວິສະວິກອນ

інженер

ຄົນຂາຍຊີ້ນ

забійник

ຊ່າງນ້ຳປະປາ

бляхар

ບູລຸດໄປສະນີ

листоноша

ທະຫານ

солдат

ສະຖາປະນິກ

архітектор

ພະນັກງານເກັບເງິນ

касир

ຄົນຂາຍດອກໄມ້

флорист

ຊ່າງແຕ່ງຜົມ

перукар

ພະນັກງານກວດປີ້ລົດ

кондуктор

ຊ່າງສ້ອມລົດຍົນ

механік

ຜູ້ບັງຄັບການ

капітан

ທັນຕະແພດ

дантист

ນັກວິທະຍາສາດ

вчений

ພະໃບສາສະໜາຢິວ

рабин

ຜູ້ນຳຊາວມຸສລິມ

імам

ຄູບາ

монах

ນັກບວດ

пастор

ເຄື່ອງມື

інструменти

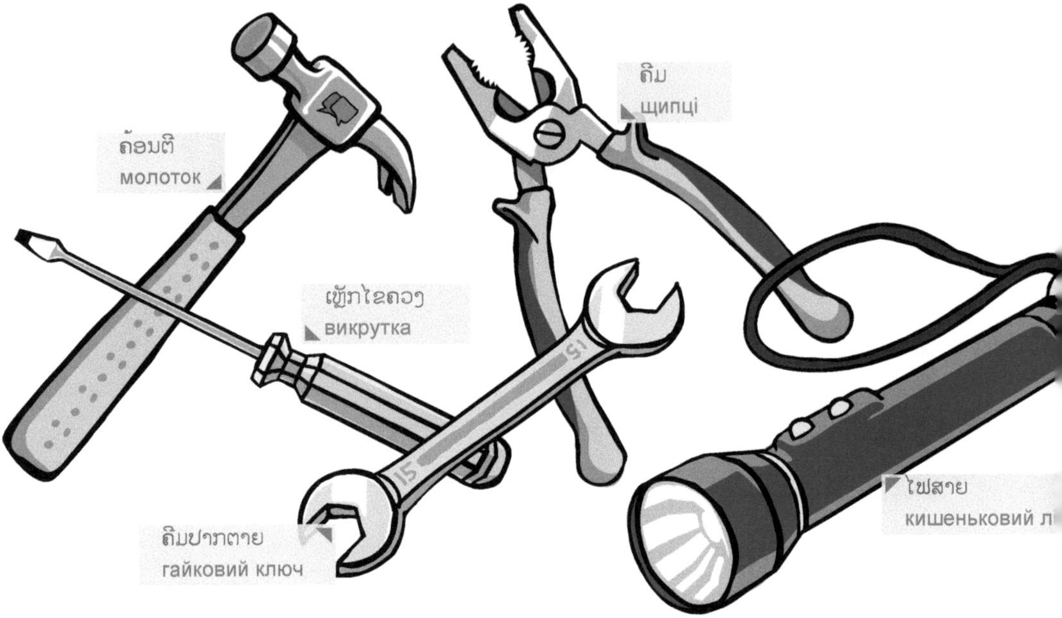
ຄ້ອນຕີ
молоток
ຄີມ
щипці
ເຫຼັກໄຂຄວງ
викрутка
ຄີມປາກຕາຍ
гайковий ключ
ໄຟສາຍ
кишеньковий л

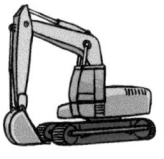

ເຄື່ອງຂຸດ

екскаватор

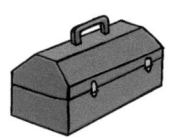

ກັບເຄື່ອງມື

ящик для інструментів

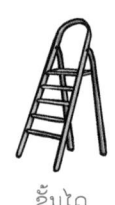

ຂັ້ນໄດ

драбина

ເລື່ອຍ

пилка

ຕະປູ

цвяхи

ເຫຼັກຊີ

свердло

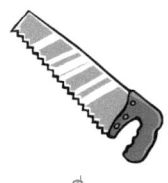

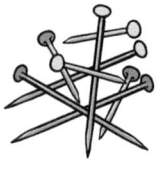

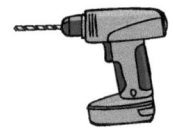

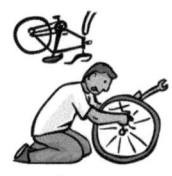

ສ້ອມແປງ

ремонтувати

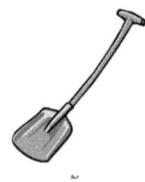

ຊວ້ານ

лопата

ຕາຍຫ່າ!

лайно!

ຂອງຊວ້ານຂີ້ເຫຍື້ອ

совок

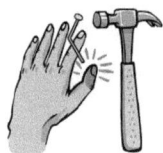

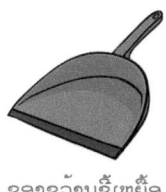

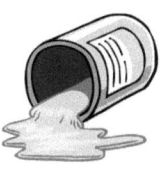

ຖັງສີ

відро з фарбою

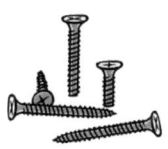

ຕະປູກຽວ

гвинти

ເຄື່ອງດົນຕີ
музичні інструменти

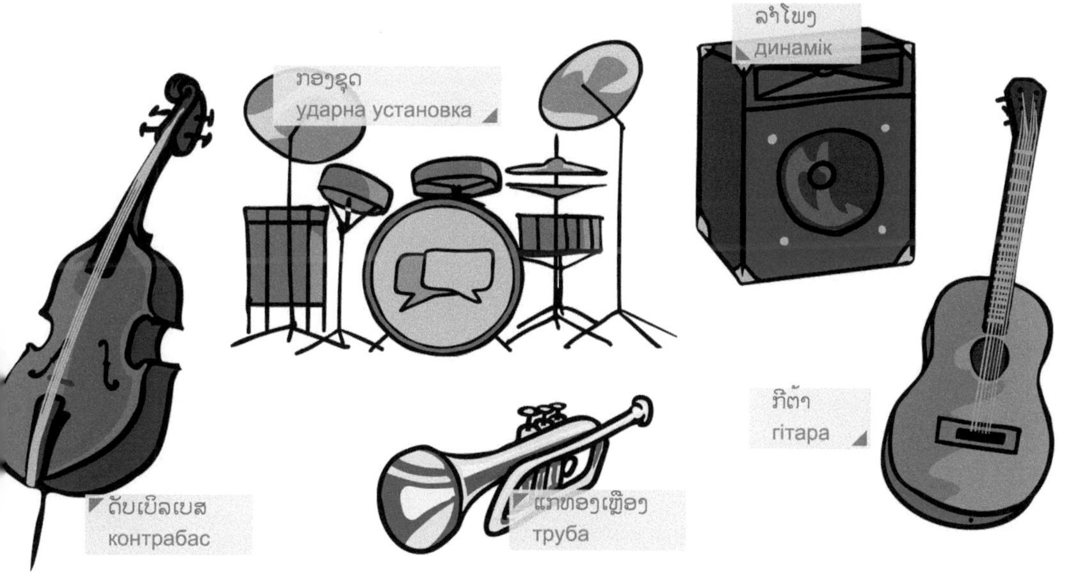
ລຳໂພງ
динамік
ກອງຊຸດ
ударна установка
ກີຕ້າ
гітара
ດັບເບິລເບສ
контрабас
ແກທອງເຫຼືອງ
труба

ເປຍໂນ

фортепіано

ໄວໂອລິນ

скрипка

ເບສ

бас

ກອງທິມປານີ

литаври

ກອງຊຸດ

барабан

ຄີບອດ

клавіатура

ແຊັກໂຊໂຟນ

саксофон

ຂຸ່ຍ

флейта

ໄມໂຄຣໂຟນ

мікрофон

ເຄື່ອງດົນຕີ - музичні інструменти

ສວນສັດ

зоопарк

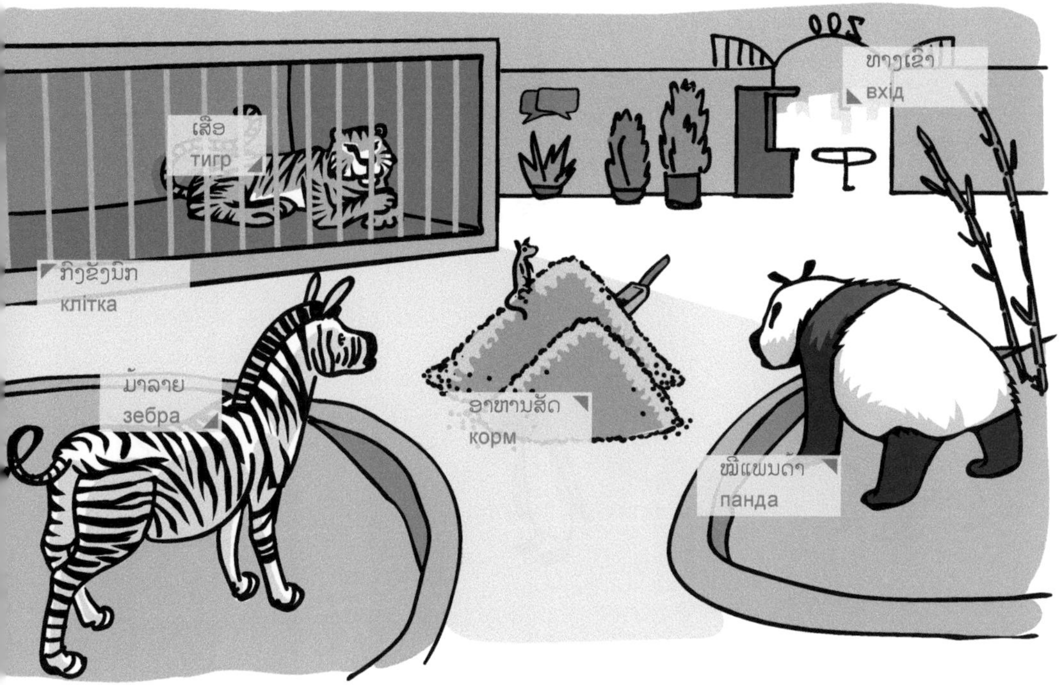

ເສືອ
тигр
ທາງເຂົ້າ
вхід
ກົງຂັງນົກ
клітка
ມ້າລາຍ
зебра
ອາຫານສັດ
корм
ໝີແພນດ້າ
панда

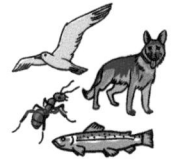

ສັດ

тварини

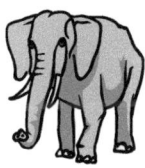

ຊ້າງ

слон

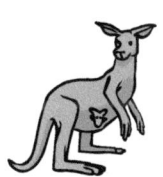

ກັງກາຣູ

кенгуру

ແຮດ

носоріг

ລິງໂທນໃຫຍ່

горила

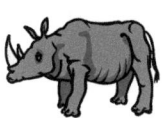

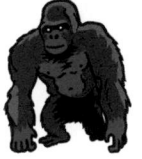

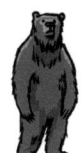

ໝີ

ведмідь

ອູດ

верблюд

ນົກກະຈອກເທດ

страус

ສິງໂຕ

лев

ລິງ

мавпа

ນົກຟລາມິງໂກ

фламінго

ນົກແກ້ວ

папуга

ໝີຂົ້ວໂລກ

білий ведмідь

ນົກເພັນກວິນ

пінгвін

ປາສະຫຼາມ

акула

ນົກຍູງ

павич

ງູ

змія

ແຂ້

крокодил

ຜູ້ເບິ່ງແຍງສວນສັດ

працівник зоопарку

ແມວນ້ຳ

тюлень

ເສືອຈາກົວ

ягуар

ມ້າພັນນ້ອຍ
....
поні

ເສືອດາວ
....
леопард

ຮິບໂປ
....
гіпопотам

ໂຕຈິຣາຟ
....
жираф

ໜງ່ວ
....
орел

ໝູປ່າຕົວຜູ້
....
кабан

ປາ
....
риба

ເຕົ່າ
....
черепаха

ຊ້າງນ້ຳ
....
морж

ໝາຈອກ
....
лисиця

ກວາງນ້ອຍ
....
газель

ອາເມລິກັນຟຸດບອນ
американський футбол

ຂີ່ລົດຖີບ
їзда на велосипеді

ກິລາເທນນິສ
теніс

ບັສເກັດບອລ
баскетбол

ກິລາລອຍນ້ຳ
плавання

ຂົກມວຍ
бокс

ກິລາຕິດຕໍ່ເດີ່ມນ້ຳແຂງ
хокей

ກິລາເຕະບານ
футбол

ກິລາຕິດອກປີກໄກ່
бадмінтон

ກິລາປະເພດ ແລ່ນ
ເຕັ້ນແລະແກວ່ງ
легка атлетика

ແຮມບອລ
гандбол

ກິລາສະກີ
лижні перегони

ກິລາໂປໂລນ້ຳ
поло

ກິດຈະກຳ

дії

ໂດດ
стрибати
ກອດ
обіймати
ຫົວ
сміятися
ຍ່າງ
йти
ຮ້ອງເພງ
співати
ຝັນ
мріяти
ໄຫວ້ພະ / ສວດມົນ
молитися
ຈູບ
цілувати

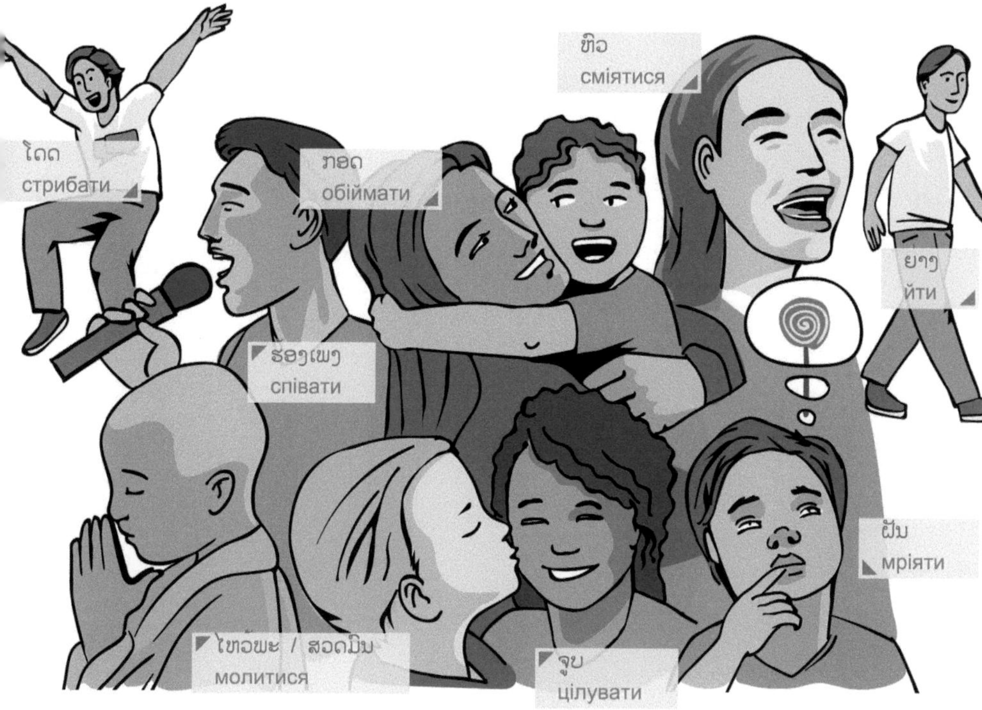

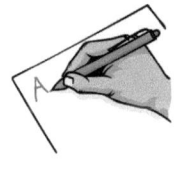

ຂຽນ

писати

ແຕ້ມ

малювати

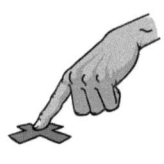

ສະແດງ

показувати

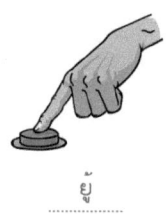

ຍູ້

тиснути

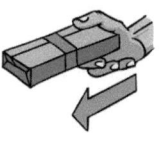

ໃຫ້

давати

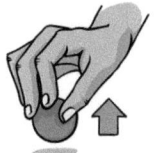

ເອົາໄປ

брати

ມີ
....
мати

ເຮັດ
....
робити

ເປັນ
....
бути

ຢືນ
....
стояти

ແລ່ນ
....
бігати

ດຶງ
....
тягнути

ໂຍນ
....
кидати

ລົ້ມ
....
падати

ນອນຢຽດ
....
лежати

ລໍຖ້າ
....
очікувати

ຖື
....
носити

ນັ່ງ
....
сидіти

ແຕ່ງຕົວ
....
одягати

ນອນຫຼັບ
....
спати

ຕື່ນນອນ
....
просипатися

ເບິ່ງ

дивитися

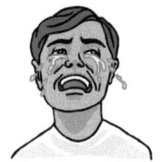

ຮ້ອງໄຫ້

плакати

ລູບ

гладити

ຫວີຜົມ

розчісувати

ລົມ

розмовляти

ເຂົ້າໃຈ

розуміти

ຄຳຖາມ

питати

ຟັງ

слухати

ດື່ມ

пити

ກິນ

їсти

ຈັດໃຫ້ເປັນລະບຽບ

прибирати

ຮັກ

любити

ຕົ້ມກິນ

варити

ຮັບລົດ

їхати

ບິນ

літати

ແລ່ນເຮືອ

йти під вітрилом

ຄິດໄລ່

рахувати

ອ່ານ

читати

ຮຽນຮູ້

вчитися

ເຮັດວຽກ

працювати

ແຕ່ງງານ

одружуватися

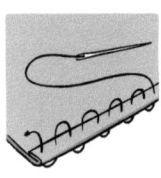

ຫຍິບ

шити

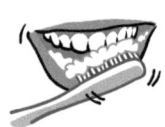

ແປງຟັນ

чистити зуби

ຂ້າ

убивати

ສູບຢາ

курити

ສົ່ງ

посилати

ຄອບຄົວ

сім'я

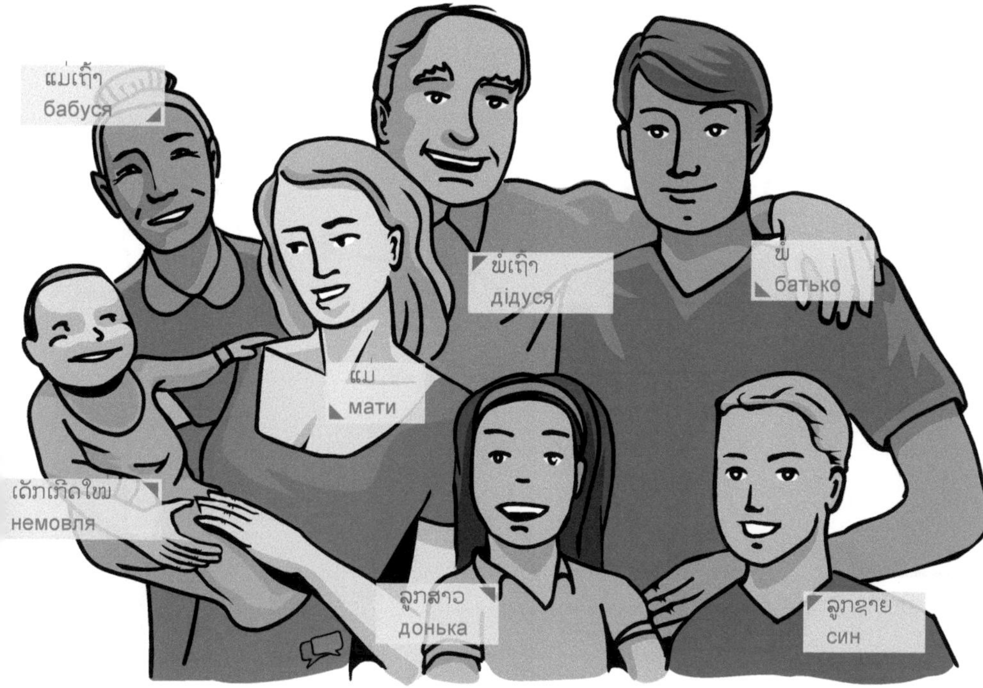
ແມ່ເຖົ້າ
бабуся
ພໍ່ເຖົ້າ
дідусь
ພໍ່
батько
ແມ່
мати
ເດັກເກີດໃໝ່
немовля
ລູກສາວ
донька
ລູກຊາຍ
син

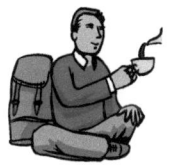

ແຂກ

гість

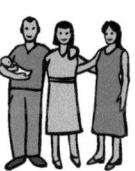

ປ້າ

тітка

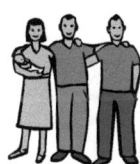

ລຸງ

дядько

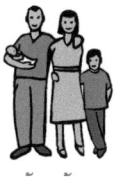

ອ້າຍນ້ອງ

брат

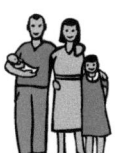

ເອື້ອຍນ້ອງ

сестра

ຮ່າງກາຍ

тіло

ໜ້າຜາກ
чоло
ຕາ
око
ບ່າໄຫຼ່
плече
ນິ້ວມື
палець
ໃບໜ້າ
обличчя
ຄາງ
підборіддя
ມື
кисть
ໜ້າເອິກ
груди
ຂາ
нога
ແຂນ
рука

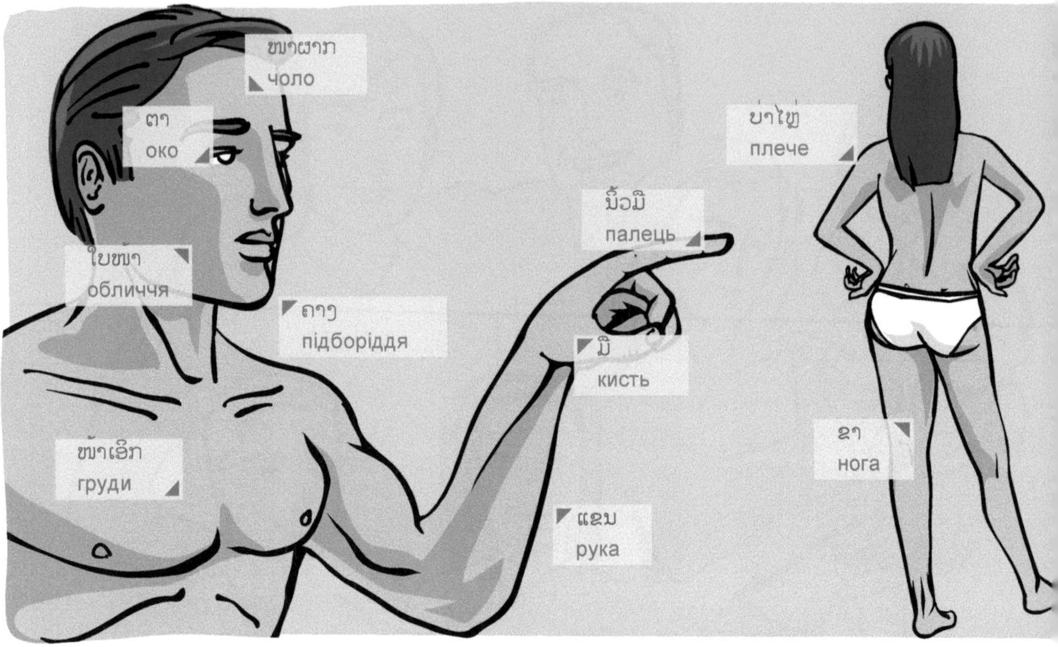

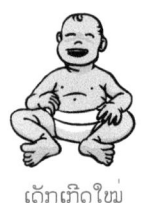

ເດັກເກີດໃໝ່

немовля

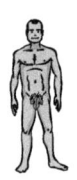

ຜູ້ຊາຍ

чоловік

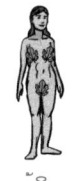

ຜູ້ຍິງ

жінка

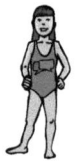

ເດັກຍິງ

дівчина

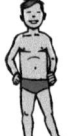

ເດັກຊາຍ

хлопчик

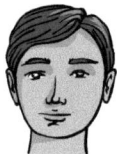

ຫົວ

голова

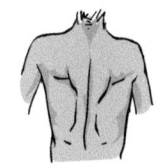

ຫຼັງ

спина

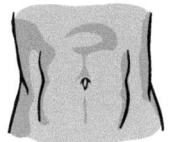

ທ້ອງ

живіт

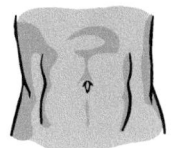

ສະບື

пуп

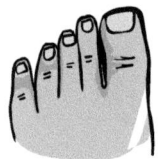

ນິ້ວຕິນ

палець ноги

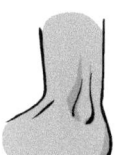

ສົ້ນຕີນ

п'ята

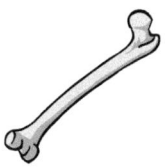

ກະດູກ

кістка

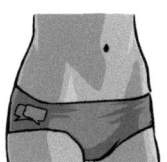

ກະໂພກ

стегно

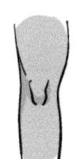

ຫົວເຂົ່າ

коліно

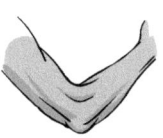

ແຂນສອກ

лікоть

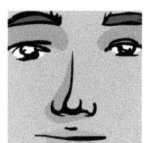

ດັງ

ніс

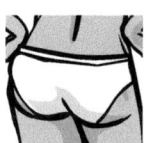

ກົ້ນ

сідниці

ຜິວໜັງ

шкіра

ແກ້ມ

щока

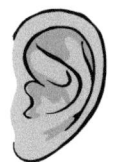

ຫູ

вухо

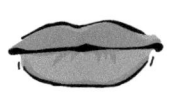

ຮິມສິບ

губа

ປາກ

рот

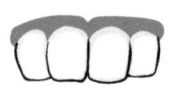

ແຂ້ວ

зуб

ລີ້ນ

язик

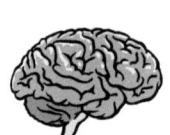

ສະໝອງ

мозок

ຫົວໃຈ

серце

ກ້າມເນື້ອ

м'яз

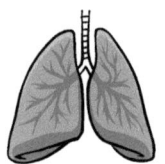

ປອດ

легені

ຕັບ

печінка

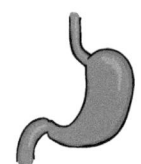

ກະເພາະ

шлунок

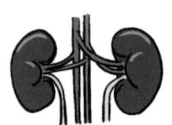

ໄຕ

нирки

ເພດສຳພັນ

статевий акт

ຖົງຢາງອະນາໄມ

презерватив

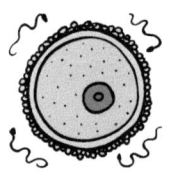

ເຊລສືບພັນ

яйцеклітина

ນ້ຳອະສຸຈິ

сперма

ການຖືພາ

вагітність

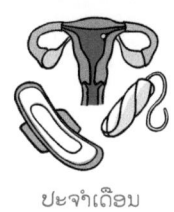

ປະຈຳເດືອນ
....
менструація

ຊ່ອງຄອດ
....
вагіна

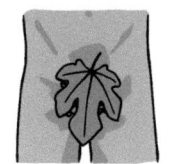

ອະໄວຍະອະເພດຊາຍ
....
пеніс

ຄິ້ວ
....
брова

ເສັ້ນຜົມ
....
волосся

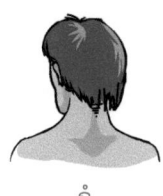

ຄໍ
....
шия

ໂຮງໝໍ

лікарня

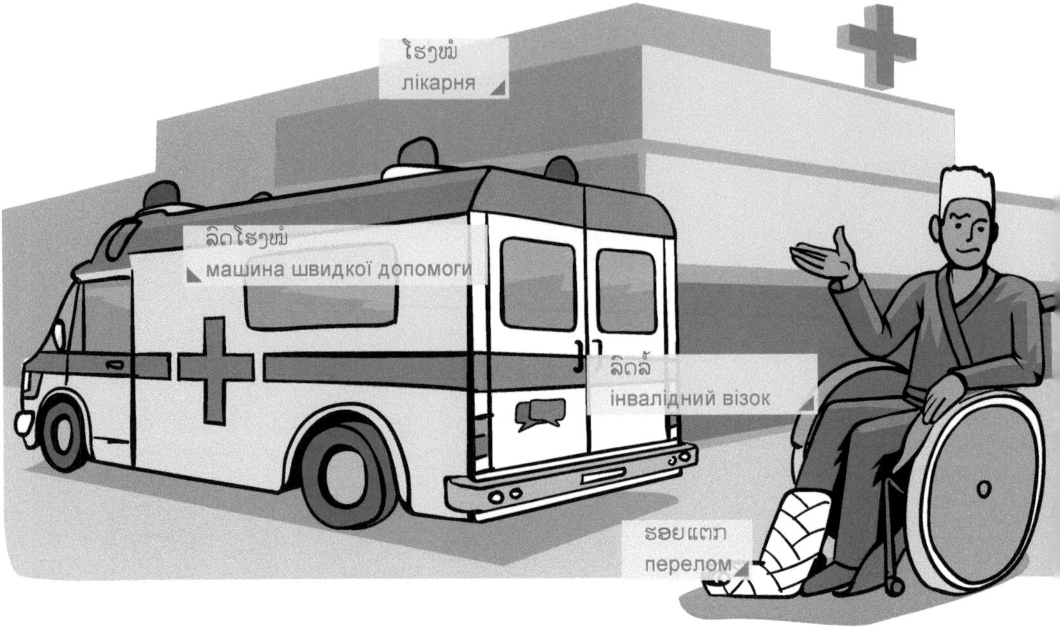

ໂຮງໝໍ
лікарня
ລົດໂຮງໝໍ
машина швидкої допомоги
ລົດລໍ້
інвалідний візок
ຮອຍແຕກ
перелом

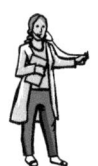

ທ່ານໝໍ

лікар

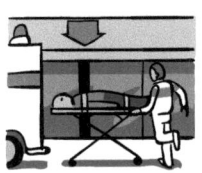

ຫ້ອງສຸກເສີນ

відділення швидкої медичної допомоги

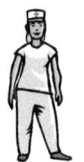

ພະຍາບານ

медсестра

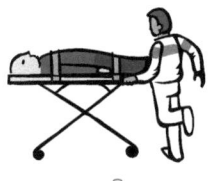

ສຸກເສີນ

аварійний випадок

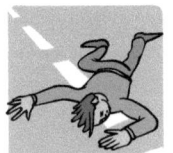

ໝົດສະຕິ

непритомний

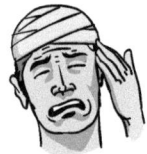

ອາການເຈັບປວດ

біль

ການບາດເຈັບ

травма

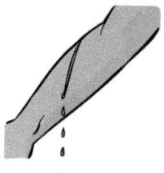

ເລືອດໄຫຼ

кровотеча

ຫົວໃຈວາຍ

інфаркт

ໂຮກຫຼອດເລືອດໃນສະໝອງ

інсульт

ອາການແພ້

алергія

ໄອ

кашель

ໄຂ້

лихоманка

ໄອ້ຫວັດ

грип

ຖອກທ້ອງ

пронос

ເຈັບຫົວ

головна біль

ໂຮກມະເລງ

рак

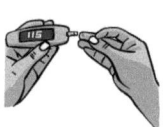

ພະຍາດເບົາຫວານ

діабет

ໝໍຜ່າຕັດ

хірург

ມີດຜ່າຕັດ

скальпель

ການຜ່າຕັດ

операція

ເຄື່ອງເອັກເຊເຣຄອມພິວເຕີ

KT

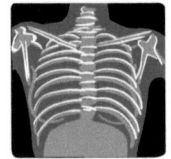

ເອັກຊ໌-ເຣ

рентген

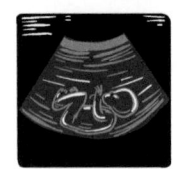

ອູລຕຣາຊາວ (ultrasound)

ультразвук

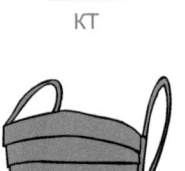

ຜ້າກາກອະນາໄມ

маска

ພະຍາດ

хвороба

ຫ້ອງລໍຖ້າ

зал очікування

ໄມ້ຄ້ຳຂື້ແຮ້

милиця

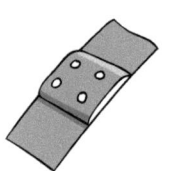

ຜ້າຢາງຕິດບາດ

пластир

ຜ້າພັນແຜ

пов'язка

ສັກຢາ

ін'єкція

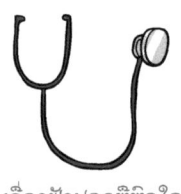

ເຄື່ອງຟັງປອດຫົວໃຈ

стетоскоп

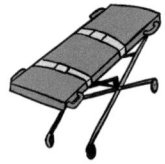

ເປຫາມຄົນເຈັບ

ноші

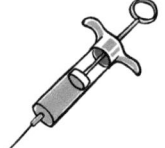

ບາຫຼອດວັດໄຂ້

термометр

ການເກີດ

народження

ນ້ຳໜັກເກີນ

надмірна вага

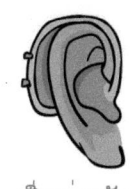

ເຄື່ອງຊ່ວຍຟັງ

слуховий апарат

ນ້ຳຢາຂ້າເຊື້ອ

дезінфікуючий засіб

ການຕິດເຊື້ອ

інфекція

ເຊື້ອໄວຣັສ

вірус

HIV / ເອດສ໌

ВІЛ / СНІД

ຢາ

медицина

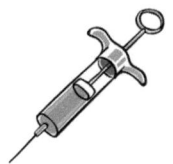

ການສັກວັກຊິນ

вакцинація

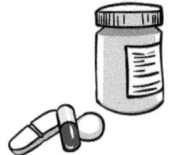

ຢາເມັດ

таблетки

ຢາເມັດ

протизаплідна пігулка

ໂທອອກສຸກເສີນ

екстрений виклик

ເຄື່ອງວັດຄວາມດັນເລືອດ

тонометр

ໄຂ້ / ສຸຂະພາບດີ

хворий / здоровий

ຊ່ອຍດ້ວຍ!

Допоможіть!

ສັນຍານເຕືອນໄພ

сигнал тривоги

ການທำຮ້າຍຮ່າງກາຍ

напад

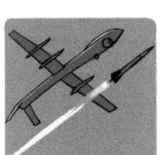

ການໂຈມຕີ

атака

ອັນຕະລາຍ

небезпека

ທາງອອກສຸກເສີນ

аварійний вихід

ໄຟໄໝ້!

Вогонь!

ບັ້ງດັບເພີງ

вогнегасник

ອຸປະຕິເຫດ

аварія

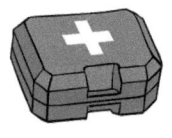

ຊຸດປະຖົມພະຍາບານຂັ້ນຕົ້ນ

аптечка

ສັນຍານຂำຄວາມຊ່ວຍເຫຼືອ

COC

ຕຳຫຼວດ

поліція

ເອີຣົບ

Європа

ອາເມລິກາເໜືອ

Північна Америка

ອາເມລິກາໃຕ້

Південна Америка

ອາຟຣິກາ

Африка

ເອເຊຍ

Азія

ອອສເຕຣເລຍ

Австралія

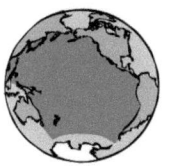

ແອດແລນຕິກ

Атлантика

ປາຊິຟິກ

Тихий океан

ມະຫາສະໝຸດອິນເດຍ

Індійський океан

ມະຫາສະໝຸດແອນຕາຣຕິກ

Антарктичний океан

ມະຫາສະໝຸດອາກຕິກ

Північний Льодовитий
океан

ຂົ້ວໂລກເໜືອ

Північний полюс

ຂົ້ວໂລກໃຕ້

Південний полюс

ແອນຕາຕິກາ

Антарктика

ໂລກ

Земля

ດິນ

суша

ທະເລ

море

ເກາະ

острів

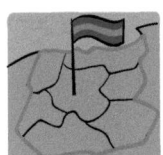

ຊາດ / ປະເທດຊາດ

нація

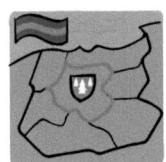

ລັດ

держава

ໜ້າປັດໂມງ

циферблат

ເຂັມໂມງ

годинникова стрілка

ເຂັມນາທີ

хвилинна стрілка

ເຂັມວິນາທີ

секундна стрілка

ຈັກໂມງແລ້ວ?

Котра година?

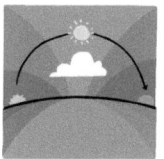

ວັນ

день

ເວລາ

час

ຕອນນີ້

зараз

ໂມງດິຈິຕອລ

цифровий годинник

ນາທີ

хвилина

ຊົ່ວໂມງ

година

ອາທິດ

тиждень

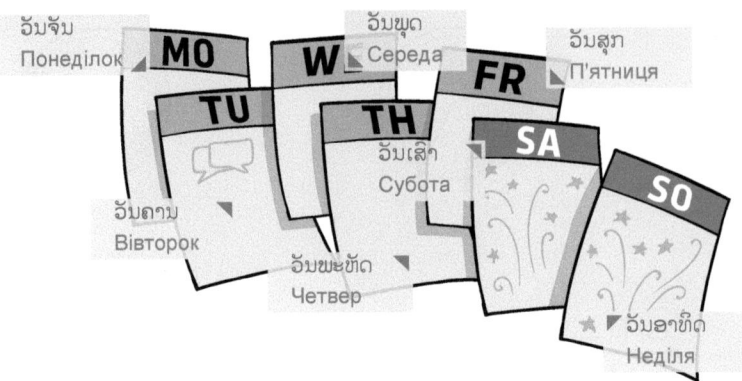

ອັນຈັນ — Понеділок
ອັນຄານ — Вівторок
ອັນພຸດ — Середа
ອັນພະຫັດ — Четвер
ອັນສຸກ — П'ятниця
ອັນເສົາ — Субота
ອັນອາທິດ — Неділя

ມື້ວານນີ້

вчора

ມື້ນີ້

сьогодні

ມື້ອື່ນ

завтра

ຕອນເຊົ້າ

ранок

ຕອນທ່ຽງ

опівдні

ຕອນແລງ

вечір

ອັນເຮັດວຽກ

робочі дні

ທ້າຍສັບປະດາ

кінець робочого тижня

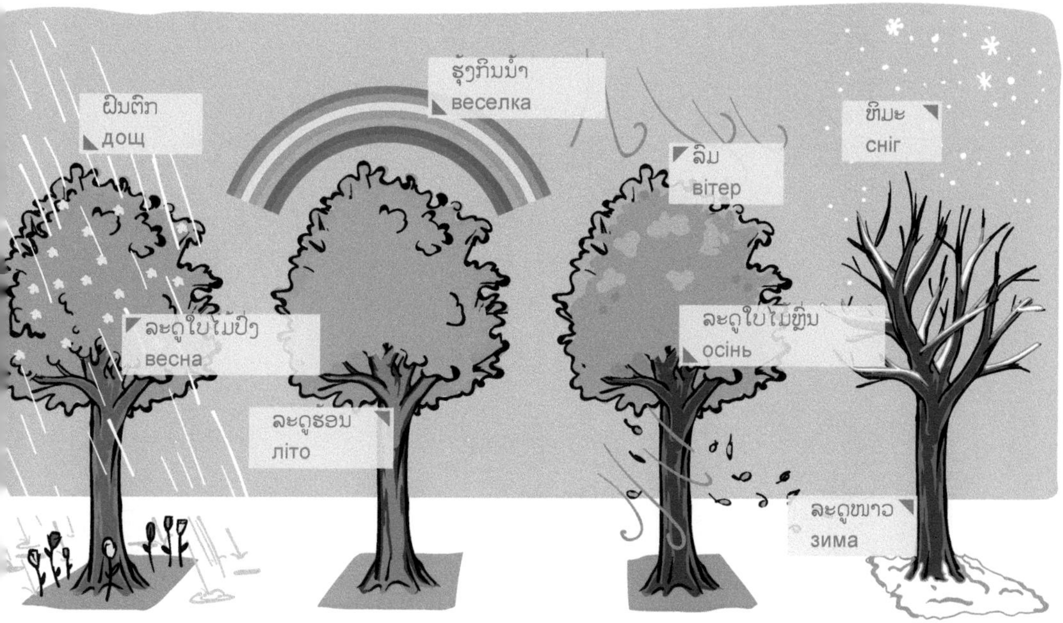

ຝົນຕົກ
дощ

ຮຸ້ງກິນນ້ຳ
веселка

ລົມ
вітер

ຫິມະ
сніг

ລະດູໃບໄມ້ປົ່ງ
весна

ລະດູຮ້ອນ
літо

ລະດູໃບໄມ້ຫຼົ່ນ
осінь

ລະດູໜາວ
зима

4.APRIL	11°	☀
5.APRIL	4°	🌧
6.APRIL	13°	🌧
7.APRIL	8°	☀
8.APRIL	10°	☀

ການພະຍາກອນອາກາດ

прогноз погоди

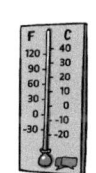

ເຄື່ອງວັດອຸນຫະພູມ

термометр

ແສງແດດ

сонячне світло

ຂີ້ເຝື້ອ

хмара

ໝອກ

туман

ຄວາມຊຸ່ມ

вологість повітря

ສາຍຟ້າແມບ

блискавка

ຟ້າຮ້ອງ

грім

ພະຍຸ

шторм

ໝາກເຫັບ

град

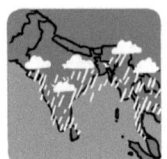

ລົມມໍລະສຸມ

мусон

ນ້ຳຖ້ວມ

повінь

ນ້ຳກ້ອນ

лід

ມັງກອນ

Січень

ກຸມພາ

Лютий

ມີນາ

Березень

ເມສາ

Квітень

ພຶດສະພາ

Травень

ມີຖຸນາ

Червень

ກໍລະກົດ

Липень

ສິງຫາ

Серпень

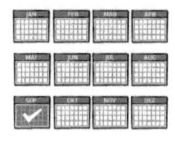

ກັນຍາ
....
Вересень

ຕຸລາ
....
Жовтень

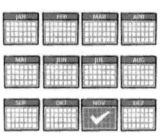

ພະຈິກ
....
Листопад

ທັນວາ
....
Грудень

ວົງມົນ
....
круг

ສີ່ຫຼ່ຽມ
....
квадрат

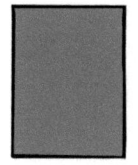

ຮູບສີ່ຫຼ່ຽມມຸມສາກ
....
прямокутник

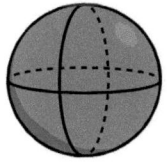

ສາມຫຼ່ຽມ
....
трикутник

ໜ່ວຍກົມ
....
куля

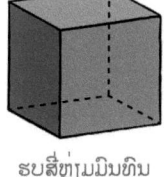

ຮູບສີ່ຫຼ່ຽມມິນທິນ
....
куб

фарби

ສີຂາວ

білий

ສີເຫຼືອງ

жовтий

ສີສົ້ມ

помаранчевий

ສີບົວ

рожевий

ສີແດງ

червоний

ສີມ່ວງ

фіолетовий

ສີຟ້າ

синій

ສີຂຽວ

зелений

ສີນ້ຳຕານ

коричневий

ສີເທົາ

сірий

ສີດຳ

чорний

протилежності

ຫຼາຍ / ນ້ອຍ

багато / мало

ໃຈຮ້າຍ / ໃຈເຢັນ

лютий / мирний

ງາມ / ຂີ້ຮ້າຍ

гарний / бридкий

ການເລີ່ມຕົ້ນ / ການສິ້ນສຸດ

початок / кінець

ໃຫຍ່ / ນ້ອຍ

великий / малий

ແຈ້ງ / ມືດ

світлий / темний

ນ້ອງຊາຍຫຼືອ້າຍ /
ນ້ອງສາວຫຼືເອື້ອຍ

брат / сестра

ສະອາດ / ເປື້ອນ

чистий / брудний

ສຳເລັດ / ບໍ່ສຳເລັດ

завершений /
незавершений

ກາງວັນ / ກາງຄືນ

день / ніч

ຕາຍ / ມີຊີວິດ

мертвий / живий

ກວ້າງ / ແຄບ

широкий / вузький

ກິນໄດ້ / ກິນບໍ່ໄດ້

ïстівний / неïстівний

ຂີ້ຮ້າຍ / ໃຈດີ

злий / дружній

ຂ້າຕື່ນເຕັ້ນ / ຂ້າເບື່ອ

збуджений / нудьгуючий

ອ້ວນ / ຈ່ອຍ

товстий / тонкий

ທຳອິດ / ສຸດທ້າຍ

спочатку / востаннє

ເພື່ອນ / ສັດຕູ

друг / ворог

ເຕັມ / ວ່າງເປົ່າ

повний / порожній

ແຂງ / ນຸ້ມ

жорсткий / м'який

ໜັກ / ເບົາ

важкий / легкий

ຄວາມຫິວ / ຄວາມຫິວນ້ຳ

голод / спрага

ໄຂ້ / ສຸຂະພາບດີ

хворий / здоровий

ຜິດກົດໝາຍ / ຖືກກົດໝາຍ

незаконний / законний

ສະຫຼາດ / ໂງ່

розумний / дурний

ຊ້າຍ / ຂວາ

вліво / вправо

ໃກ້ / ໄກ

поруч / далеко

ใหม่ / ใช้แล้ว

новий / використаний

บ่มีขยัๆ / บาๆสิ่ๆบาๆย่าๆ

нічого / щось

แท่ / หนุ่ม

старий / молодий

ເປີດ / ປິດ

вкл / викл

ເປີດ / ປິດ

відкрито / закрито

ງຽບ / ດັງ

тихо / гучно

ຮັ່ງມີ / ยากจิบ

багатий / бідний

ຖືກ / ຜິດ

правильно / неправильно

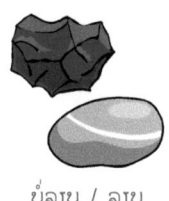

บ่ลูย / ลูย

шорсткий / гладкий

ໂສກເສົ້າ / ດີໃຈ

сумний / щасливий

ສັ້ນ / ຍາວ

короткий / довгий

ຊ້າ / ໄວ

повільно / швидко

ປຽກ / ແຫ້ງ

вологий / сухий

ອຸ່ນ / ຫນາວເຢັນ

гарячий / холодний

ສົງຄາມ / ສັນຕິພາບ

війна / мир

0

ສູນ

нуль

1

ໜຶ່ງ

один

2

ສອງ

два

3

ສາມ

три

4

ສີ່

чотири

5

ຫ້າ

п'ять

6

ຫົກ

шість

7

ເຈັດ

сім

8

ແປດ

вісім

9

ເກົ້າ

дев'ять

10

ສິບ

десять

11

ສິບເອັດ

одинадцять

12

ສິບສອງ
дванадцять

13

ສິບສາມ
тринадцять

14

ສິບສີ່
чотирнадцять

15

ສິບຫາ
п'ятнадцять

16

ສິບຫົກ
шістнадцять

17

ສິບເຈັດ
сімнадцять

18

ສິບແປດ
вісімнадцять

19

ສິບເກົ້າ
дев'ятнадцять

20

ຊາວ
двадцять

100

ໜຶ່ງຮ້ອຍ
сто

1.000

ໜຶ່ງພັນ
тисяча

1.000.000

ໜຶ່ງລ້ານ
мільйон

ພາສາອັງກິດ

англійська

ພາສາອັງກິດແບບອາເມລິກັນ

американська англійська

ພາສາຈີນແບບດາຈີນ

китайська
високочиновницька

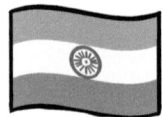

ພາສາຮິນດິ

хінді

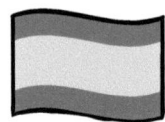

ພາສາສະເປນ

іспанська

ພາສາຝຣັ່ງເສດ

французька

ພາສາອາຮັບ

арабська

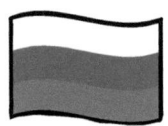

ພາສາຣັດເຊຍ

російська

ພາສາປ໊ອກຕຸຍກາມ

португальська

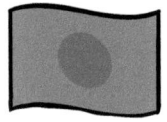

ພາສາແບງກາອລ

бенгальська

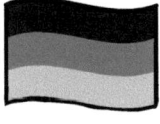

ພາສາເຢຍລະມັນ

німецька

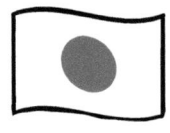

ພາສາຍີ່ປຸ່ນ

японська

ຂ້ອຍ
Я

ເຈົ້າ
TИ

ລາວ (ຜູ້ຊາຍ) / ລາວ (ຜູ້ຍິງ) / ມັນ
ВІН / ВОНА / ВОНО

ພວກເຮົາ
МИ

ພວກເຈົ້າ
ВИ

ພວກເຮົາ
ВОНИ

ໃຜ?
XTO?

ແມ່ນຫຍັງ?
ЩO?

ແບອໃດ?
ЯК?

ຢູ່ໃສ?
ДЕ?

ເມື່ອໃດ?
КОЛИ?

ຊື່
ІМ'Я

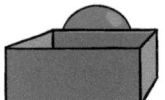

ຢູ່ທາງຫົວ

ззаду

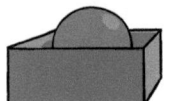

ໃນ

в

ຢູ່ທາງໜ້າ

перед

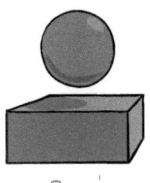

ເໜືອກວ່າ

над

ຢູ່ເທິງ

на

ຢູ່ກ້ອງ

під

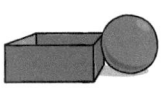

ທາງຂ້າງ

біля

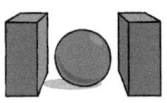

ຢູ່ລະຫວ່າງ

між

ສະຖານທີ່

місце